职业教育课程改革创新示范精品教材

餐饮服务与管理

主　编　赵学斌　吴永强　谢承丹
副主编　冉显霞　刘　颖　秦丹丹
参　编　许　冰　王　茂　张　军
　　　　罗　倩

内容简介

根据对学生需求和职业需求的调查，本书设计了认识餐饮、餐饮服务技术、餐饮服务、餐饮服务方式、餐饮服务质量管理与安全管理、餐饮营销管理六个项目，旨在训练学生从事餐饮服务工作的基本技能和操作程序，强化餐饮服务与管理工作必备的观念和意识，掌握餐饮服务与餐饮管理技能，培养适应行业发展与职业变化的基本能力。

本书既可作为中职学校高星级酒店服务与管理专业学生的教材，也可以作为餐饮企业服务与管理人员的培训教材或自学用书。

版权专有　侵权必究

图书在版编目（CIP）数据

餐饮服务与管理 / 赵学斌，吴永强，谢承丹主编. -- 北京：北京理工大学出版社，2021.11
ISBN 978-7-5763-0072-7

Ⅰ. ①餐… Ⅱ. ①赵… ②吴… ③谢… Ⅲ. ①饮食业 – 商业服务②饮食业 – 商业管理 Ⅳ. ①F719.3

中国版本图书馆 CIP 数据核字（2021）第 262233 号

出版发行 /	北京理工大学出版社有限责任公司
社　　址 /	北京市海淀区中关村南大街 5 号
邮　　编 /	100081
电　　话 /	（010）68914775（总编室）
	（010）82562903（教材售后服务热线）
	（010）68944723（其他图书服务热线）
网　　址 /	http://www.bitpress.com.cn
经　　销 /	全国各地新华书店
印　　刷 /	定州市新华印刷有限公司
开　　本 /	889 毫米 × 1194 毫米　1/16
印　　张 /	12.5
字　　数 /	251 千字
版　　次 /	2021 年 11 月第 1 版　2021 年 11 月第 1 次印刷
定　　价 /	47.00 元

责任编辑 / 徐艳君
文案编辑 / 徐艳君
责任校对 / 周瑞红
责任印制 / 边心超

图书出现印装质量问题，请拨打售后服务热线，本社负责调换

编者根据教育部关于旅游中等职业教育的课程设置、教学大纲和教学计划，结合旅游职业技能鉴定标准的要求，吸收国外职业教育的成果与经验，对本书的课程性质、适用范围、教学重点、教学方法、教学时数、考核评估等进行了认真研究。本书较好地把握了课程设置与教材编写的关系，从课程标准的角度将旅游业对人才的具体要求与旅游中等职业教育教材的具体编写有机结合起来，既体现了教材紧贴行业实际的针对性、实用性，又体现了教材的科学性、规范性，使可学习性与可教授性得到有机的统一，全面反映了现代职业教育教材应有的教育理念。

在课程内容的选择标准上进行了根本性改革——紧密契合酒店餐厅的日常服务与管理能力要求，根据餐厅服务人员工作内容的需要，突出对服务人员所需技能点的训练。在体例和内容编排上，打破传统教材以知识为主线的编写模式，以工作过程为导向，整合项目、序化教学任务，整体呈螺旋式上升，以"项目—任务"为体例进行编排。针对旅游中等职业学校学生的特点，结合高星级酒店服务与管理专业教育教学改革成果，注重实战、强化能力、重点突出、兼顾知识内容的基础性和前瞻性。

本书的编写具有以下特点：

第一，以行业标准为结合点。阐释从事酒店餐饮服务工作人员需掌握的理论点和技能点，实现人才培养目标与岗位需求对接，课程标准与职业标准对接；强调实用性和可操作性，充分反映就业岗位对课程的需求，紧密结合职业岗位能力建设的需要。

第二，以工作过程系统化为基本点。内容的选取和排序体现了酒店餐饮服务工作要素和工作流程，循序渐进，以工作任务驱动、理论实践融合为宗旨，设计学习、实训过程，注重学生实际工作能力的培养。

由于编者水平有限，不足之处在所难免，请广大读者批评指正。

目录
CONTENTS

项目一　认识餐饮

任务一　认识餐饮环境……………………………………………………………… 3
任务二　认识餐饮产品……………………………………………………………… 7
任务三　认识餐饮设备……………………………………………………………… 21

项目二　餐饮服务技能

任务一　托盘………………………………………………………………………… 33
任务二　餐巾折花…………………………………………………………………… 36
任务三　摆台………………………………………………………………………… 40
任务四　斟酒………………………………………………………………………… 46
任务五　上菜、分菜………………………………………………………………… 52

项目三　餐饮服务

任务一　点菜服务…………………………………………………………………… 59
任务二　菜品销售服务……………………………………………………………… 63
任务三　上菜服务…………………………………………………………………… 66
任务四　分菜服务…………………………………………………………………… 71
任务五　酒水服务…………………………………………………………………… 75
任务六　餐中服务…………………………………………………………………… 83
任务七　结账收银服务……………………………………………………………… 85

项目四　餐饮服务方式

任务一　中餐厅服务 …………………………………………………………… 91
任务二　西餐厅服务 …………………………………………………………… 103
任务三　中餐宴会服务 ………………………………………………………… 124
任务四　西餐宴会服务 ………………………………………………………… 143

项目五　餐饮服务质量管理与安全管理

任务一　餐饮服务质量构成 …………………………………………………… 151
任务二　餐饮服务质量控制 …………………………………………………… 157
任务三　餐饮生产服务过程安全管理 ………………………………………… 169

项目六　餐饮营销管理

任务一　餐饮营销概述 ………………………………………………………… 175
任务二　餐饮营销策略 ………………………………………………………… 181
任务三　餐饮品牌营销 ………………………………………………………… 186

参考文献 …………………………………………………………………………… 193

项目一　认识餐饮

高星级酒店的餐饮部是满足宾客饮食需求和体现酒店服务水准的重要部门，其服务水平不仅反映一个国家或地区的经济发展水平及开发、利用自然资源等方面的能力，还体现着该国家或地区物质文明和精神文明的程度。

项目目标

1. 能描述酒店常见的餐饮服务项目。
2. 能描述餐饮产品的特点和餐饮业的发展趋势。
3. 能描述酒店餐饮部的地位和作用。
4. 能说出不同餐饮设备用品的用途。
5. 能说出餐具的洗涤步骤。
6. 能根据餐饮服务人员应具备的素质要求自己。
7. 能说出餐饮部主要岗位职责要求。

任务一 认识餐饮环境

在餐饮部工作，首先需要了解餐饮环境，认识餐饮产品与设备，感受并融入酒店的餐饮氛围，为做好餐饮部的各项工作奠定基础。

任务目标

1. 了解餐厅的概念。
2. 能描述酒店餐饮的服务项目。
3. 能识别餐饮部常见的组织形态。
4. 掌握餐饮部组织机构设置的原则。

相关知识

一、餐厅的概念

餐厅或餐馆，是通过出售菜肴、酒水及提供相关服务来满足客人饮食需求的场所。

餐厅具体的内涵如下：

1）具备一定的场所，即具有一定接待能力的餐饮空间和设施。

2）能够为客人提供菜肴、酒水和服务。菜肴、酒水是基础，而餐饮服务是保证。

3）以营利为目的。餐厅是酒店获得利润的部门之一。餐饮从业者应致力于开源节流，以获得最佳的经济效益。

二、酒店常见餐饮设施及服务项目

（一）中餐厅

我国的酒店大多设一至数个中餐厅提供中式菜肴。中餐厅主要经营川菜、粤菜、鲁菜、苏菜等，装饰主题突出中式风格，使用中式家具，演奏中国民乐，服务人员穿中国民族服装，让客人在用餐过程中体会真正的中国文化。一般提供午、晚两餐服务。

（二）西餐厅

为了体现酒店档次、餐饮实力和满足部分客人的需求，四星、五星级酒店一般设有提供法式或意式菜肴的西餐厅。法式餐厅又称为"扒房"，布置豪华，环境幽雅舒适，富有浪漫情调，背景音乐以钢琴、小提琴、萨克斯管、竖琴等西洋乐器现场演奏为主，餐桌用蜡烛或小台灯照明。

（三）咖啡厅

为了方便客人用餐、会客和非用餐时间段的餐饮消费，三星级以上酒店都在一楼大堂附近设有提供简单西餐、当地风味快餐或自助餐服务的咖啡厅。三星至白金五星级酒店的咖啡厅营业时长为18～24小时。咖啡厅分不同时间段提供早餐、早午餐、午餐、下午茶、晚餐和消夜。有的酒店咖啡厅在三餐高峰时段提供自助餐服务。

（四）大型多功能厅

大型多功能厅是餐饮部面积最大的活动场所，功能齐全，既可以举办大型中餐宴会、西餐宴会、冷餐酒会、鸡尾酒会，又可以根据需要举办记者招待会、新闻发布会、时装展示会、学术会议等。多功能厅可以用活动墙板调节并分隔，以便同时举行不同的活动。

（五）小宴会厅

小宴会厅通常又称为包间，一般可以满足1～3桌小型中餐、西餐宴会和其他餐饮活动的需求，不受外界打扰，很受客人欢迎。每个小宴会厅都有自己的名称，装饰风格各异。

（六）特式餐厅

特式餐厅的设立主要是为了满足人们追求个性化生活和品味异域文化的需求，如啤酒坊餐厅、日本料理餐厅、韩国烧烤餐厅、海鲜餐厅、泰国餐厅和文化主题餐厅。

（七）酒吧

酒吧是公众休息、聚会、品味酒水的场所，一般配备种类齐全和数量充足的酒水、各种用途不同的载杯和供应酒品、必需的设备及调酒工具。酒店内常见的酒吧种类有以下几种：

1. 主酒吧

主酒吧也叫英美正式酒吧，这类酒吧的特点是客人直接面对调酒师坐在酒吧台前，可欣赏调酒师的操作。

2. 酒廊

酒廊通常带有咖啡厅的形式特征，格调及其装修布局也与咖啡厅近似，但只供应饮料和小食品，不供应主食。这类酒吧有两种形式：一是大堂酒吧，在酒店的大堂附近设置，让客人可以暂时休息；二是音乐厅，包括歌舞厅和卡拉OK厅。

3. 服务酒吧

服务酒吧一般在中餐厅、西餐厅和各种娱乐设施中设置，根据餐厅性质的主题选择相应的酒水供应。

4. 宴会酒吧

宴会酒吧是根据宴会形式和人数而设置的临时酒吧，通常按鸡尾酒会、贵宾厅房、婚宴形式的不同而进行相应摆设，形式多样。

5. 外卖酒吧

外卖酒吧是宴会酒吧中的一种特殊形式，是指酒吧工作人员将酒水和各种酒类应用器具准备好并送到指定的场地内摆设酒吧，提供酒水服务。

6. 其他

其他类型酒吧包括游泳池酒吧、茶座、花园酒吧、客房小酒吧等。

（八）客房送餐

客房送餐是星级酒店为了方便客人、增加酒店收入、减轻餐厅压力而提供的服务项目。住店客人通过门把手牌、电话或网络点餐，由客房送餐服务人员将餐食送至客人房间，客人在房间里用餐。三星级以上的酒店客房送餐服务一般提供不少于18小时服务，主要服务项目有早餐、午餐、下午茶、晚餐、消夜、点心、水果、酒水、房内酒会等。客房送餐部一般设在咖啡厅厨房附近，以方便备餐。

（九）外卖服务

外卖服务，是指酒店根据客人的要求派员工到酒店外客人的驻地或指定的地点提供餐饮服务，包括成品提供、现场生产、用餐服务等内容。这种服务方式比酒店内的常规餐饮服务更周到、细致，因此服务要求更加严格规范，费用相对较高。

三、餐饮部组织机构

（一）餐饮部组织机构设置的原则

餐饮部作为酒店的一个重要部门，其机构设置和人员配备应根据需要，力求精简，职责分明。餐饮部组织机构设置应遵循以下四个原则：

1. 精简

精简，就是在组织机构设置时，尽量减少层次，讲求实效，避免机构臃肿，人浮于事。

2. 统一

统一，就是机构设置要符合统一领导的原则。整个组织机构必须是一个统一的整体，要统一划分各个部门的职权范围，统一制定主要的规章制度。

3. 自主

自主，就是各部门、各环节能够自主地履行职能。机构的设置必须为各部门、各环节自主地履行职能提供条件，以发挥他们的主观能动性。

4.效率

效率，是机构设置的最高原则。精简、统一、自主都是为了效率。效率是衡量精简、统一、自主程度的标准之一。

（二）餐饮部的组织机构形态

由于酒店规模大小不一、经营思路不同等，餐饮部组织机构的形态也不尽相同。图1-1是大中型酒店餐饮部常见的组织形态。

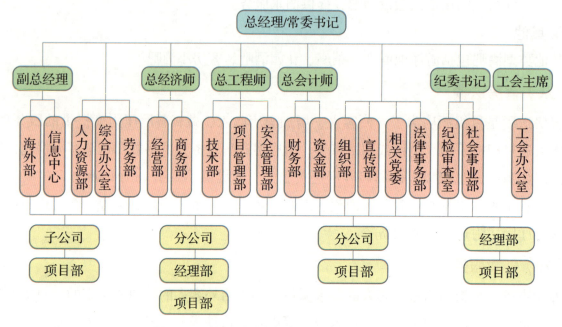

图1-1　大中型酒店餐饮部常见的组织形态

任务实训

为了更深入地了解酒店餐厅类型和服务项目，请以小组为单位完成以下实训任务：

1. 到酒店中餐厅、西餐厅、咖啡厅、大型多功能厅等不同类型的餐厅进行参观。

2. 针对酒店各类型餐厅工作时段提供的餐种、服务类型等相关服务项目，进行调查并小组讨论。

任务二 认识餐饮产品

现代餐饮产品的价值主要表现在两个方面:一是通过餐饮产品的外形、质量、装饰、声誉及其本身的食用价值来赢得客人青睐,为客人提供有形产品;二是通过餐饮服务人员热情、周到的服务为客人创造一种精神上的满足感,为客人提供无形产品。

任务目标

1. 能说出餐饮有形产品的特点。
2. 能说出餐饮无形产品的特点。
3. 能随时关注餐饮业的发展,并及时追踪餐饮业发展信息。

相关知识

中国八大菜系风格

一、中式菜肴认知

(一)中式菜肴的八大菜系

中式菜肴有许多流派,其中最有影响和代表性的有鲁、川、粤、闽、苏、浙、湘、徽菜系,即"八大菜系"。

1. 鲁菜

山东菜简称鲁菜,是黄河流域烹饪文化的代表。

山东菜可分为济南风味菜、胶东风味菜、孔府菜和其他地区风味菜,并以济南风味菜为典型,包括煎炒烹炸、烧烩蒸扒、煮氽熏拌、溜炝酱腌等50多种烹饪方法。

济南风味菜以清香、脆嫩、味厚而纯正著称,特别精于制汤,清浊分明,堪称一绝。胶东风味菜亦称福山风味菜,包括烟台、青岛等胶东沿海地方风味菜。该风味菜精于海味,擅做海鲜,且少用佐料提味。此外,胶东风味菜在花色冷拼的拼制和花色热菜的烹制中,独具特色。孔府菜做工精细,烹调技法全面,尤以烧、炒、煨、炸、扒见长,而且制作过程复杂。以煨、炒、扒等技法烹制的菜肴，往往要经过三四道程序方能完成。"美食不如美器"，孔府历来十分讲究盛器，具备银、铜等名质餐具。此外，孔府菜的命名也极为讲究，寓意深远。

2. 川菜

四川菜简称川菜，历史悠久，风味独特，驰名中外。

随着生产的发展和经济的繁荣，川菜在原有的基础上，吸收南北菜肴之长及官、商家宴菜品的优点，形成了北菜川烹、南菜川味的特点，享有"食在中国，味在四川"的美誉。

川菜讲究色、香、味、形，在"味"字上下功夫，以味的多、广、厚著称。川菜口味的组成，主要有麻、辣、咸、甜、酸、苦、香7种味道，巧妙搭配，灵活多变，创制出麻辣、酸辣、红油、白油等几十种各具特色的复合味，味别之多、调制之妙，堪称中外菜肴之首，从而赢得了"一菜一格，百菜百味"的称誉。

川菜在烹调方法上，善于根据原料、气候和食者的要求，具体掌握，灵活运用。38种川菜烹调方法中，现在流行的仍有炒、煎、炸、烧、腌、卤、煸、泡等30多种。在烹调方法中，特别以小煎小炒、干烧干煸见长。川菜与四川风景名胜一样闻名于世，扬名天下。

3. 粤菜

广东菜简称粤菜，由广州、潮州、东江菜三支地方菜构成，三支地方菜又有各自不同的特色。

广州菜是粤菜的主要组成部分，以味美色鲜、菜式丰盛而赢得"食在广州"的美誉。广州菜有三大特点：一是鸟兽虫鱼均为原料，烹调成形态各异的野味佳肴；二是即开刀、即烹和即席烹制，独具一格，吃起来新鲜火热；三是夏秋清淡、冬春香浓，深受大众的喜爱。

潮州菜在粤菜中占有重要的位置。潮州菜主要以海味、河鲜和畜禽为原料，擅烹以蔬果为原料的素菜，制作精妙，加工多样。制作方法可分为炒、烹、炸、焖、炖、烧、烤、焗、卤、熏、扣、泡、滚、拌，刀工讲究，汤菜功夫尤深，其中以清炖、红烧、汤泡最具特色。

东江菜又称客家菜，用料以肉类为主，原汁原味，讲求酥、软、香、浓。注重火功，以炖、烤、煲、焗见称，尤以砂锅菜见长。东江菜在做法上仍保留一些奇巧的烹饪技艺，具有古代中原的风貌。

4. 闽菜

闽菜，口味以鲜香为主，尤以"香""味"见长，其风格清鲜、和醇、荤香、不腻。其具有三大特色，一长于红糟调味，二长于制汤，三长于使用糖醋。

5. 江苏菜

江苏菜，口味以清淡为主，用料严谨，注重配色，讲究造型，四季有别。烹调技艺以炖、焖、煨著称；重视调汤，保持原汁，口味平和。善用蔬菜。其中的淮扬菜，讲究选料和刀工。苏南菜口味偏甜，善用香糟、黄酒调味。

6. 浙江菜

浙江菜，口味以清淡为主，菜式小巧玲珑，清俊逸秀，菜品鲜美滑嫩，脆软清爽。运用香糟、黄酒调味。烹调技法丰富，尤其在烹制海鲜、河鲜时有其独到之处，口味清鲜脆嫩，保持原料的本色和真味，菜品形态讲究，精巧细腻，清秀雅丽。其中北部口味偏甜，西部口味偏辣，东南部口味偏咸。

7. 湘菜

湘菜，口味以香辣为主，品种繁多。重视原料互相搭配，滋味互相渗透。湘菜调味尤重香辣。相对而言，湘菜的煨功夫更胜一筹，几乎达到炉火纯青的地步。煨，在色泽变化上可分为红煨和白煨，在调味方面有清汤煨、浓汤煨和奶汤煨，小火慢炖，原汁原味。

8. 徽菜

徽菜，口味以鲜辣为主，擅长烧、炖、蒸，而爆、炒菜少，重油、重色、重火功。重火功是历来的，其独到之处集中体现于擅长烧、炖、熏、蒸类的功夫菜上，不同菜肴使用不同的控火技术，从而形成酥、嫩、香、鲜独特风味，其中最能体现徽式特色的是滑烧、清炖和生熏法。

（二）中式菜肴的特点

1. 取料广泛，选料讲究

历代厨师在烹调实践中，并非墨守成规，还善于开发、运用各种类型的原料，"天上飞的、地上走的、土里长的、水里生的"都可以做成菜。至今入菜原料已有2000多种，还有不少新兴的原料被越来越普遍地采用。

烹调选料除了讲究鲜活，还注重产地、季节、品种、部位、质地等，以适应不同的烹调方法和地方风味。例如，甲鱼、鲥鱼、桃花虾，在桃花盛开的季节最肥，黄海、渤海产量较多的梭子蟹，在中秋节时肉最为饱满；火腿以金华、宣威为最好，鳊鱼以湖北樊口质量为最好，在山东，苍山大蒜、莱芜生姜、烟台苹果、莱阳梨、微山湖鳜鱼、泰山赤鳞鱼等质量上乘。家畜各个部分的肉质量不同，不同的菜肴要选用不同部位的肉。如"红烧肉""米粉肉"讲究带皮五花肉，"油爆肚仁"一定要使用肚头；羊身上各个部位的肉老嫩不一，选用相应的烹调技法，可以做出"全羊席"；用鸡做菜一般要用当年的小嫩鸡，吊汤要用老鸡；盐水鸭用老鸭滋味好，补益性强，烤鸭宜用饲养三个多月的幼鸭，脂厚肉嫩。

2. 刀工精湛，配料巧妙

中式烹调讲究刀工，在世界上也是绝无仅有的。基于加热、造型、消化和文明饮食的需要，可将原料加工成整齐划一的条、丝、丁、片、块、段、米、粒、末、茸等形状，通过混合刀法，还可以加工麦穗、荔枝、蓑衣、梳子、菊花等花刀，以达到美化菜肴的目的。中国人擅用筷子，也主要得益于刀工后原料体形的小巧。

中式烹调讲究合理配料，主要体现在配色、形状、质地、味道、营养等方面。在配色方面，讲究顺色配和俏色配，目的是色泽协调，突出主料；形状方面，一般是丝配丝、条配条、丁配丁、片配片，辅料不能大于主料；质地方面，讲究脆配脆、软配软等；味道方面，讲究原料本味，同时辅料要突出、烘托主料的味道，中餐大部分菜肴中常用的笋片和火腿就起到了这样的作用；营养方面，讲究荤素搭配，为人们提供合理全面的营养素，维持人体内的酸碱平衡。

3. 调和重味，味型丰富

味是菜肴的灵魂。食无定味，适口者珍，原料的天赋之味并非样样迷人，只有依赖调味手段，根据各种调料的化学性质，艺术地进行组合，才能突出原有的美味，驱除腥膻臊臭。中餐中常用的葱、姜、蒜、醋、料酒、糖、盐以及各种香料都具有去异增味的作用。

中餐味型多样，以酸、甜、苦、辣、咸、鲜、香、麻为基本味，经过不同方法的烹制，在不同阶段合理投料，可以变换出无数种味型，如鱼香、麻辣、荔枝、糖醋、红油、家常、怪味、蒜香、咸鲜、辣咸、香辣、姜汁、酱香、麻酱、椒麻等。

4. 精于用火，技法多样

根据原料的质地、味道的特点，适度调节给原料加热的火候，有的旺火短时间加热，有的慢火长时间烹调，还有的大中微火交替进行，以形成爽、滑、酥、嫩、烂、软、糯、浓、弹、韧、硬等不同的口感。

中式烹调的技法多样，在世界上首屈一指，主要源于对热能的调节运用、调味的复杂。现在行业上常用到的有近50种烹调方法。还有一些是不同地区自己独特的烹调技法，如山东的"汤爆"、广东的"盐焗"、四川的"小炒"、江浙的"泥烤"等。

5. 菜品繁多，讲究盛器

中国地域广、民族多，再加之历史悠久，文化、习俗各异，因此形成了多种不同的风味流派，地方风味名菜有5000多种，花色菜品种在万种以上，是世界上其他国家无法比拟的。

美食和美器同样重要，好的菜肴配上精美典雅的盛器，能起到锦上添花的作用。用烹饪原料做造型文章，其雕琢的天地毕竟是有限的，因此结合原料的自然形色，巧用各式各样的美器，能表情达意。多种多样的盛器与众多美食之间大体构成这样恰当的关系：整禽整鱼宜用腰盘，煎炒爆熘宜用圆碟，汤羹甜菜宜用海碗，精炖焖煨宜陶砂，粉蒸酵点连笼上，涮煮羊鱼宜火锅，酱菜醋姜宜白盏，参翅燕鲍宜华皿。宜大则大，宜小则小，或全席之皿，青成一色，或满桌之皿，杂色多形，皆成天趣，食与器的完美结合，充分体现了我国独特的饮食文化特色。

6. 中西结合，借鉴求新

中式烹调在继承优秀传统的同时，还善于在结合本民族的饮食特点的基础上借鉴西餐，主要表现在原料的选择、调料的使用、加热方法的改进及工艺的革新等方面。例如，咖喱粉、吉士粉、番茄酱、可乐、火鸡、鸵鸟肉、铁板烧等在中餐已经常用了，有的把中餐的调味品用于西餐烹调中，有的在中式烹调技法中添加西餐调味品。这方面，上海、广东的饮食企业在保持民族特色的基础上做得比较好。同时，借鉴求新还表现在本民族之间的不同地区的交流方面。社会的发展繁荣与人类的广泛交往，是中式烹调创新的真正动力。

二、西式菜肴认知

（一）西式菜肴的分类

根据进餐时的先后顺序和制作工艺，西式菜肴可分为冷菜、沙司、汤、配菜、热菜五大类。

1. 冷菜

冷菜是指西餐中冷食类菜肴，用各种原料加工制作后，切拼盛装大盘内，由客人选食。冷菜包括果盘、腌渍菜、色拉及各种冷菜。冷菜是西餐的重要组成部分，一餐中，冷菜通常作为第一道菜肴，有时也可作为一餐的主食。以冷菜为主的西餐酒会、冷餐会，在西餐中很盛行。因此，冷菜在西餐中具有举足轻重的地位。

2. 沙司

沙司是英文Sauce的译音，一些地方又称"少司"，是西餐中冷菜、热菜、点心的主要调味汁。沙司按类型分为热沙司、冷沙司两大类；按浓度分为稠、浓、稀、清四种。

3. 汤

西餐的汤是用各种动植物原料或放入面粉、奶油等添加物制作而成的。汤类菜肴品种很多，做法讲究，按使用原料和制作方法的不同，可分为清汤、奶油汤、蔬菜汤、浓（泥子）汤和冷汤五个种类。西餐的汤类大多含有丰富的鲜香物质和有机酸，可刺激人的胃液分泌，增加食欲。

汤在西餐中占有重要的地位，西方人的饮食习惯是在上热菜之前先喝汤，故称为第一道菜。一般每餐配有两道汤，一清一浓，由客人自己挑选；午餐大多备清汤、浓汤，晚餐大多用奶油浓汤，清汤作备用。

4. 配菜

西餐在主料烹制好装盘后，还要在盘子的边上或另一盘内配上少量加工成熟的蔬菜、米饭或面食，从而组成一份完整的菜肴，这种与主料相搭配的菜品就称为配菜。配菜主要有配合辅料，衬托和点缀的作用，是全部西餐烹调工作中的一道重要工序。

配菜在西餐中主要分为三类：①蔬菜类：品种有胡萝卜、花菜、土豆、芦笋、卷心菜、芹菜、番茄、蘑菇、生菜、青椒、茄子等。②米饭类：品种有各种米饭、玉米等。③面条类：品种有各种通心面、贝壳面、蛋蛋面。

5. 热菜

热菜是正餐或正式宴会的主要菜肴，是一餐的主食，所谓"西式大菜"就是热菜。

（二）西式菜肴的特点

1. 选料精细

西餐选料特别精细，在原料质量和规格上都有严格要求，如牛肉要用黄牛、仔牛、乳牛的去骨无脂肪的瘦肉；鸡肉选用雏鸡，且应去头爪；鱼肉选用剔净头尾和骨刺的净肉等。

2. 调料讲究

西餐所用的调料十分讲究，除常用的盐、胡椒、酱油、番茄酱、芥末、咖喱汁等调味品外，还在菜肴中添加香料，以增加菜肴香味，如桂皮、丁香、茴香、薄荷叶等。另外，烹制菜所用的酒类也是丰富多样的，如葡萄酒、白兰地、朗姆酒等，且不同的菜肴应使用不同的调料用酒。

3. 沙司单独制作

沙司是西餐的调味汁。沙司与菜肴主料分开烹调是西餐的一大特点。沙司是西餐的重要组成部分，将单独制作的沙司浇在单独制作的菜肴上，可起到调味、增色、保温的作用。

4. 注重菜肴生熟程度

西餐中的一些食草动物的肉（如牛、羊肉）、禽类（如鸭）和海鲜一般烹制得较为鲜嫩，以保持其营养成分，有的甚至生食，如牡蛎。但杂食动物类的肉及河鲜必须全熟方能食用。

5. 搭配丰富、营养全面

首先，西餐重视各类营养成分的搭配组合，充分考虑人体对各种营养（糖类、脂肪、蛋白质、维生素）和热量的需求来选料烹调。

其次，选料精细，用料广泛。西餐烹饪在选料时十分精细、考究，而且选料十分广泛。例如，美国菜常用水果制作菜肴或饭点，咸里带甜；意大利菜将各类面食制作成菜肴，各种面片、面条、面花都能制成美味的席上佳肴；法国菜选料更为广泛，如蜗牛、洋百合、椰树芯等均可入菜。

再次，讲究调味，注重色泽。西餐烹调的调味品大多不同于中餐，如酸奶油、桂叶、柠檬等都是常用的调味品。法国菜还注重用酒调味，不同菜肴用不同的酒做调料；德国菜多以啤酒调味，在色泽的搭配上讲究对比、明快，因而色泽鲜艳，能刺激食欲。

最后，工艺严谨，器皿讲究。西餐的烹调方法很多，常用的有煎、烩、烤、焖等十几种，而且十分注重工艺流程，讲究科学化、程序化，工序严谨。烹调的炊具与餐具均有不同于中餐的特点。在餐具方面，除瓷制品外，水晶、玻璃及各类金属制餐具占很大比重。

三、中西面点认知

（一）中式面点的概念

中式面点是指源于我国的点心，简称"中点"，又称为"面点"。它是以各种粮食、畜禽、鱼、虾、蛋、乳、蔬菜、果品等为原料，再配以多种调味品，经过加工而制成的色、香、味、形、质俱佳的营养食品。面点在中国饮食行业通常被称为"白案"，它的饮食形式上丰富，既是人们不可缺少的主食，又是人们调剂口味的补充食品（如糕、团、饼、包、饺、面、粉、粥等）。在日常生活中，面点有作为正餐的米面主食，有作为早餐的早点、茶点，有作为筵席配置的席点，有作为旅游和调剂饮食的糕点、小吃，以及作为喜庆或节日礼物的礼品点心等。

（二）西式面点的概念

西式面点简称"西点"，主要是指源于欧美国家的点心。它是以面、糖、油脂、鸡蛋和乳品为原料，辅以干鲜果品和调味料，经过调制成型、装饰等工艺过程而制成的具有一定色、香、味、形、质的营养食品。面点行业在西方通常被称为"烘焙业"，在欧美国家十分发达。西点不仅是西式烹调的组成部分（即餐用面包和点心），而且是独立于西式烹调之外的一种庞大的食品加工行业，成为西方食品工业主要支柱产业之一。

（三）中式面点的发展趋势

1）借鉴国外经验，发展中式面点快餐。从面点的消费对象来看，大众化是其主要特点。面点作为商品，必须从市场出发，以解决大众基本生活需求为目的。可以说，随着中外交流的日益频繁，借鉴西式快餐的成功经验发展中式面点快餐已成必然趋势。

2）走"三化"之路，以保证中式面点质量。"三化"指面点品种西方标准化、面点生产设备现代化和品种生产规模化。只有走"三化"之路，才能保证面点的质量，才能为消费者提供新鲜、卫生、营养丰富、方便食用的有中国特色的面点品种，以满足人们对面点快餐需求量增加的要求。

3）改革传统配方及工艺。许多中式面点营养成分过于单一，有的还含有较多的脂肪和糖类。因此，在继承优秀面点遗产的基础上，要改革传统配方及工艺。可从低热、低脂、多膳食纤维、维生素、矿物质等方面入手，创制适合现代人需要的营养平衡的面点品种。从原料选择、形成工艺等环节入手，对工艺制作过程进行改革，以创制出适应时代需要的特色品种、拳头产品。

4）加强科技创新。科技创新包括开发新原料和运用新技术、新设备两方面。开发新原料，不但能满足面点品种在工艺上的要求，还能提高产品的质量。例如，各种类型的面粉满足了不同面点品种在口味上、口感上的提高。新技术包括新配方、新工艺流程，它不但能提高工作效率，而且可增加新的面点品种。新设备的使用不但可以改善工作环境，将人们从传统的手工制作中解放出来,还有利于形成批量生产,使产品的质量更加统一、规范。

5)开发功能性面点和药膳面点。功能性面点是指除具有一般面点所具有的营养功能和感官功能(色、香、味、形)外,还具有一般面点所没有或不强调调节人体生理活动的功能的面点,它具有享受、营养、保健和安全等功能。药膳面点是指将药和面点原料调和在一起而制成的面点。它具有食用和药用的双重功能。目前由于空气和水源等污染加剧,各种恶性发病率逐渐上升,开发功能性面点和药膳面点,已成为中式面点发展的主要趋势之一。

6)改革筵席结构。目前,面点在传统筵席中所占比例小,形式单调,因此,要以与菜点结合的方式改革筵席结构,以此丰富我国饮食文化内涵。

四、蒸馏酒认知

(一)蒸馏酒概念

蒸馏酒是乙醇浓度高于原发酵产物的各种酒精饮料。白兰地、威士忌、朗姆酒、伏特加、金酒、龙舌兰和中国的白酒都属于蒸馏酒,大多是度数较高的烈性酒。制作过程:先经过酿造,后进行蒸馏后冷却,最终得到高度数的酒精溶液饮品。

(二)蒸馏酒的制作原理

蒸馏酒是把经过发酵的酿酒原料,经过一次或多次的蒸馏过程提取的高度酒液。蒸馏酒的制作原理是根据酒精的物理性质,采取使之汽化的方式,提取高纯度酒液。酒精的汽化点是 78.3℃,达到并保持这个温度就可以获得汽化酒精,再将汽化酒精输入管道冷却,便是液体酒精。但是在加热过程中,原材料的水分和其他物质也会掺杂在酒精中,因而形成质量不同的酒液。

五、酿造酒认知

(一)酿造酒的概念

酿造酒又称发酵酒、原汁酒,是借酵母作用,把含淀粉和糖质原料的物质进行发酵,产生酒精成分而形成酒。生产过程包括糖化、发酵、过滤、杀菌等。

(二)酿造酒的生产原理

在酿酒过程中,淀粉吸水膨胀,加热糊化,形成结构疏松的淀粉,在淀粉酶的作用下分解为低分子的单糖。单糖在脱羧酶、脱氢酶的催化下,逐渐分解形成二氧化碳和酒精。以淀粉为原料酿酒,需经过两个主要过程,一是淀粉糖化过程,二是酒精发酵过程。

（三）酿造酒的特点

酿造酒，即制酒原料经发酵后，并在一定容器内经过一定时间的窖藏而产生的含酒精饮品。这类酒品的酒精含量不高，一般不超过百分之十几。蒸馏酒与发酵酒生产工艺有很大差异，蒸馏酒的酒精度数相对较高，口感更为清爽，发酵酒的营养成分更加丰富一些，适量饮用对身体有好处。

六、非酒精饮料认知

（一）非酒精饮料概念

非酒精饮料包括固体饮料类、果蔬汁饮料类、蛋白饮料类、包装饮用水类等。

（二）非酒精饮料分类

1. 果蔬汁饮料类

1）果汁（浆）及果汁饮料类：以新鲜或冷藏水果为原料，经加工制成的制品。具体又包括果汁、果浆、浓缩果汁、浓缩果浆、果肉饮料、果汁饮料、果粒果汁饮料、水果饮料浓浆、水果饮料、蛋白饮料类。

2）蔬菜汁饮料：在蔬菜汁中加入水、糖液、酸味剂等调制而成的可直接饮用的制品，含有两种或两种以上蔬菜汁的蔬菜汁饮料称为混合蔬菜汁饮料。具体又包括蔬菜汁、蔬菜汁饮料、复合果蔬汁、发酵蔬菜汁、食用菌饮料、藻类饮料、蕨类饮料。

2. 蛋白饮料类

蛋白饮料类是指以蛋白质含量较高的植物果实、种子或核果类、坚果类的果仁等为原料，与水按一定比例磨浆去渣后调制所得的乳浊状液体制品。

3. 包装饮用水类

包装饮用水类是指密封于塑料瓶、玻璃瓶或其他容器中，不含任何添加剂可直接饮用的水，包括饮用天然矿泉水、饮用纯净水和其他饮用水。

4. 茶饮料类

茶饮料类是指茶叶用水浸泡后经抽提、过滤、澄清等工艺制成的茶汤或在茶汤中加入水、糖、酸、香精、果汁或植（谷）物抽提液等调制加工而成的制品。它包括茶汤饮料、果汁茶饮料、果味茶饮料、其他茶饮料。

5. 咖啡饮料类

1）咖啡：以咖啡提取液或速溶咖啡粉为主要原料制成的液体饮料。

2）咖啡饮料：以咖啡提取液或速溶咖啡粉为原料制成的液体饮料。

3）去咖啡因咖啡饮料：以去咖啡因的咖啡提取液或去咖啡因的速溶咖啡粉为原料制成的液体饮料。

6. 固体饮料类

固体饮料类是指以食品原料、食品添加剂等加工制成粉末状、颗粒状、片状或块状等固态料的供冲调饮用的制品。按原料组成分类可分为果香型、蛋白型和其他型。

7. 特殊用途饮料类

特殊用途饮料类是指通过调整饮料中天然营养素的成分和含量比例，以适应某些特殊人群营养需要的制品。此类饮料基本上以水为基础，添加氨基酸、牛磺酸、咖啡因、电解质、维生素等调制而成。它包括运动饮料、营养素饮料和其他特殊用途饮料。

七、餐饮有形产品的特点

（一）餐饮有形产品的生产特点

与其他产品的生产相比，餐饮产品具有不同的特点。

1. 产品规格多，生产批量小

只有客人进入餐厅点菜后，餐饮企业才能组织菜肴的生产与销售，这与其他工业产品大批量、统一规格的生产是明显不同的。

2. 生产过程时间短

餐饮产品的生产、销售与客人的消费几乎同时进行。客人从点菜到消费的时间相当短暂，因而对产品生产的技艺要求较高。

3. 生产量难以准确预测

客人何时来、来多少、消费什么餐饮产品等是一个难以准确预测的问题。

4. 原料及产品不易保存

相当一部分餐饮产品是用鲜活的原料制作的，具有很强的时间性和季节性，处理不当极易腐烂变质。

5. 产品差异化

餐饮产品的差异化是指不同餐厅提供的菜品及服务的种类和质量存在差异，这就要求餐厅加强质量意识，同时适时引进和推出新的菜品。

6. 产品生产过程管理难度大

餐饮产品的生产从原料的采购、验收、储存、加工、烹制，餐厅服务到收款，整个生产过程的业务环节较多，任何一个环节的差错都会影响餐饮产品的质量及企业的效益。

（二）餐饮有形产品的销售特点

餐饮有形产品不同于其他工业产品，有其自身的销售特点。

1. 餐饮销售量受经营空间的限制

餐饮企业接待的客人数量受营业面积大小、餐位数多少的限制。

2. 餐饮销售量受就餐时间的限制

人们的就餐时间有一定的规律。就餐时间一到，餐厅"高朋满座"；而就餐时间一过，餐厅则"门可罗雀"。

3. 餐饮企业固定成本及变动费用较高

餐饮企业的各种餐厨设备、用品的投资较大，且人力资源费用、能源费用、原料成本等的支出也较高。

4. 餐饮销售量受就餐环境的影响

就餐环境氛围影响消费者的选择。餐厅力求营造良好的餐厅氛围吸引客人，如向客人提供清洁卫生、优雅舒适、特色鲜明的就餐环境。

5. 餐饮企业的资金周转较快

餐饮企业的毛利率较高，且相当一部分餐饮销售收入以即时结账为主，而大部分餐饮原料为当天采购、当天销售，因此餐饮企业的资金周转较快。

八、餐饮无形产品（餐饮服务）的特点

（一）餐饮服务的概念及内容

餐饮服务，是指客人在餐厅就餐的过程中，由餐厅工作人员利用餐饮服务设施在为客人提供菜肴饮品的同时提供方便就餐的一切帮助，使客人感受到舒适和受尊重。餐饮服务包含直接对客的前台服务与间接对客的后台服务。前台服务是指餐厅、酒吧等餐饮营业点面对面为客人提供的服务；后台服务是指仓库、厨房等客人视线不能触及的部门为餐饮产品的生产、服务所做的一系列工作。后台服务是前台服务的基础，前台服务是后台服务的继续与完善。

餐饮服务的内容如下：

1）辅助性设备、设施，如桌椅、餐具、服务用品。
2）使餐饮服务易于实现的产品，如菜肴、酒水。
3）显性的服务，即客人感受到的各种利益。
4）隐性的服务，即客人的心理感受或附属于服务的特质。

（二）餐饮服务的特点

1. 无形性

餐饮服务的无形性是指就餐客人只有在购买并享用餐饮产品后，才能凭借其生理与心理满足程度评估其优劣。

2. 一次性

餐饮产品现场生产、现场销售，生产与消费几乎同时进行，并且只能当次享用，过时则不能再使用。

3. 直接性

餐饮服务的直接性是指餐饮产品的生产、销售、消费几乎同步进行，即企业的生产过程就是客人的消费过程。

4. 差异性

餐饮服务的差异性主要表现在两个方面：一方面，不同的餐饮服务人员由于年龄、性别、性格、受教育程度及社会经历的差异，他们为客人提供的服务不尽相同；另一方面，同一服务人员在不同的场合、不同的时间，其服务态度、服务效果等也有一定的差异。

5. 综合性

从生产餐饮产品的后台服务到满足客人对餐饮产品消费的前台服务包括众多环节，每个环节都是餐饮服务的重要组成部分，直接关系到服务质量的好坏。

6. 个性化

个性化服务是酒店规范化服务的延伸，可以满足不同客人的个体需求，代表酒店服务的最高水准。

九、餐饮业发展趋势

20世纪末期以来，我国的餐饮业进入了史无前例的大发展时期，软件和硬件的建设日新月异，市场竞争日益激烈，餐饮市场的消费潜力不断壮大，逐渐走向了餐饮的多元化、地方化和国际化。

（一）全新格局，模式新颖

社会发展带给人们消费观与价值观的改变，餐饮业在变中求发展，社会餐饮发展迅速，行业结构调整呈现全新格局。高星级酒店餐饮突出精品战略，低星级酒店和经济型酒店弱化餐饮、只提供有限的餐饮服务，顶级餐厅满足高消费的需求，主题文化餐厅争奇斗艳、奇招百出，以满足不同年龄层、不同消费心理、不同消费目的的消费需求。

（二）个性化趋势日益明显

饭店餐饮部门推出的各种个性化餐厅、个性化餐饮产品、个性化餐饮服务能在更大程度上关注每一位客人，使饭店提供的餐饮服务与客人的消费过程具有全方位、互动式、体验性的特点。

> **案例情境**
>
> 小张去希尔顿酒店听了一场讲座：希尔顿饭店从员工入职起，用6个英文单词对员工的培养与成长提出希望：Hospitality（殷勤好客）；Integrity（诚实）；Leadership（领导能力）；Teamwork（团队合作）；Ownership（责任）；Now（现在），这六个单词的首字母构成了HILTON（希尔顿）。她深深地被希尔顿饭店的企业文化感染。
>
> **案例思考**：为什么小张会被希尔顿酒店的企业文化感染？

（三）经营方式日趋多样

餐饮企业经营方式有独立经营、连锁经营、特许经营或租赁经营。

1. 独立经营

1）有自己的品牌，但企业影响力受到地域的限制。

2）营运费用相对于连锁餐饮企业来说要高，如不能享受到集团大规模采购和广告优惠，也就无法共享人力资源等。

3）独立经营的餐饮企业竞争力较差，但经营灵活，调整方便，资本投入相对较小。

2. 连锁经营

1）管理模式统一。

2）连锁企业经营的产品是主店产品的"克隆品"。

3）连锁经营可不断增强本餐饮系统集团在市场上的竞争能力。

4）营销计划和促销活动同步展开。

3. 特许经营或租赁经营

通过出让特许经营权或租赁经营权，一些知名的餐饮公司得以在全球推广它们的产品，并统一规格、统一市场形象、统一服务方式。目前，在我国的肯德基、麦当劳、硬石餐厅等，除了由外资自主经营，各城市的投资者还可以申请加盟特许经营。

（四）运用科技，提高效率

随着科技发展，高科技在促进餐饮业经营管理和服务水平等方面已经起到了"革命性"的作用，各种先进手段尤其是多媒体、互联网技术已被餐饮服务部门广泛使用。例如，"多媒体点菜系统"，使用平板电脑展示菜品、酒水信息等。

（五）主题餐厅，彰显文化

主题餐厅的实质就是销售一种主题文化，赋予普通的就餐活动以特殊的地域文化、时空文化、历史文化、乡土文化、都市文化，并通过特殊环境气氛的营造和生活场景的重现来全方位地展现主题文化。

（六）绿色酒店，健康饮食

提倡"环保、健康、安全"的绿色浪潮已经深入人心，坚持绿色管理，倡导绿色消费，保护生态和合理使用资源正在成为酒店经营管理追求的目标。在建设方面，出现了绿色建筑、绿色设计、绿色客房、绿色厨房等，利用各类绿色新技术、新产品，以达到节能减排的目的；在经营管理方面，强化保护生态和合理使用资源的意识，如全面禁烟、不出售野生保护动物、主动建议客人打包剩余食品、使用可降解打包袋和打包盒、不提供一次性筷子和一次性台布。

任务实训

为了更深入地了解餐饮产品，请以小组为单位完成以下实训任务：

1. 到酒店中餐厅、西餐厅等进行参观，了解中式菜肴和西式菜肴的种类、特点。
2. 针对酒店提供的餐种的特色，进行调查并小组讨论。

任务三 认识餐饮设备

任务目标

1. 能识别常用的中餐餐具、西餐餐具。
2. 能按照正确程序洗涤餐具。
3. 会正确使用各式服务车。
4. 会正确使用餐厅布件。
5. 会正确保养陶瓷餐具、玻璃器皿、银制餐具。

相关知识

餐饮设备、用品属于餐饮部硬件范畴之一，包括餐饮装潢设备、家具、针织品、照明电器、水暖空调、餐具、服务用具和厨房用具等。这些设备、用品是保证餐厅正常进行营业的必需物质条件。

一、认识餐具

（一）中餐餐具

中餐餐具主要包括餐碟、汤碗、汤勺、调味碟、筷架、筷子、杯子、转盘和其他用具。

1. 餐碟

餐碟又称为骨碟，主要用途是盛装菜肴、骨头和食屑等，在摆台时起定位的作用。

2. 汤碗

汤碗是盛汤或者吃带汤汁菜肴的小碗。

3. 汤勺

瓷制小汤勺（调羹）一般放在汤碗中，而金属长柄汤勺或者大瓷汤勺一般用作宴会的公用勺，应摆放在桌面的公用筷架上。

4. 调味碟

调味碟是盛装调味汁的小瓷碟。

5. 筷架

筷架用来放置筷子，可提高就餐规格，保证筷子更加清洁卫生。它有陶瓷、塑胶、金属等各种材质，造型各异。

6. 筷子

以材质分类，有木筷、银筷、象牙筷等。

7. 杯子

杯子包括瓷制的茶杯和玻璃制的水杯、红葡萄酒杯、烈酒杯等。

8. 转盘

转盘适用于多人就餐的宴会的桌面。它可方便客人食用菜品，一般有玻璃和木质转盘，比较常用的是玻璃转盘。

9. 其他

根据不同餐饮企业的要求，餐桌上还会摆放其他用具，如调味盅、牙签盅、花盆、桌号牌、菜单。

（二）西餐餐具

西餐餐具品种繁多，主要分为金属餐具、瓷器餐具、玻璃器皿餐具和洗涤餐具，每种餐具都有自己的特殊用途。

1. 金属餐具

金属餐具主要是指纯银、镀银和不锈钢餐具。银器一般用于高档的西餐厅，西式餐具中的刀、叉、勺、衬碟、茶壶、咖啡壶、沙司盅、盐和胡椒盅、自助餐盘、保温炉、冰桶、酒篮、花瓶、烛台等银器最为常见；不锈钢餐具常用于咖啡厅或自助餐厅，如各种刀、叉和勺，以及咖啡具、茶具、调味盅、自助餐盘、保温锅、冰桶、花瓶和烛台等。

西餐中常见的金属餐具如图 1-2 所示。

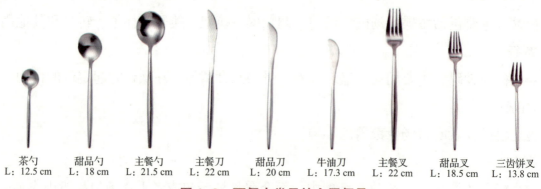

图 1-2　西餐中常见的金属餐具

餐厅中常见的其他金属服务器具及用途如下：

1）冰夹。用于夹取冰块。

2）烛台。用于插放蜡烛。

3）糖夹。用于取方糖。

4）扳手。用于开启瓶装啤酒和汽水的皇冠盖。

5）开塞器。用于开启葡萄酒瓶的木塞。

6）香槟酒桶及酒桶架。为客人冰镇白葡萄酒、玫瑰露葡萄酒和葡萄汽酒时使用。

7）酒篮。服务红葡萄酒时使用。

8）托盘。小托盘主要用于收银。

9）大银盘。用于餐厅分菜或自助餐陈列冷菜。

10）保温盖。用于上主菜时保温。一般等所有客人的菜上齐后，同时揭盖。

11）保温锅。用于自助餐放热菜。

12）调味汁盅。用于盛装沙拉酱汁等。

13）食品夹。用于自助餐取菜。

2. 瓷器餐具

瓷器餐具是餐厅服务的主要用具，有碗、碟、盘、杯、壶、勺等。虽然瓷器的品种繁多，名称不同，使用方法各异，但其清洁保养方法基本相同。

瓷器的种类繁多，大致可分为一般瓷器、强化瓷和骨瓷。目前，骨瓷的平均使用率为15%，强化瓷的平均使用率为35%，一般瓷器的平均使用率为50%。一般瓷器、强化瓷、骨瓷的比较如表1-1所示。

表1-1 一般瓷器、强化瓷、骨瓷的比较

品质种类	一般瓷器	强化瓷	骨瓷
色彩	白中带灰	纯白	奶白而通透
釉彩	素淡	素淡	鲜艳
厚度	厚	中等	薄
硬度	容易碎裂	坚固耐用	不易碎裂
价格	低	中等	高

考虑到成本的关系，日常经营中不可能全部选用高级瓷器，有些餐厅经营者有时选用较有特色且外观和质量均属上乘的陶制品来代替精美的瓷器。

（1）选用瓷器的注意事项

选用瓷器时，除上述内容外，还要考虑以下几点：

1）所有的瓷器餐具均要有完整的釉光层，以保证其使用寿命。

2）碗、盘的边上应有一道服务线，这样既便于厨房掌握装盘，又便于服务人员操作。

3）区分瓷器上的图案是釉上彩还是釉下彩。较理想的是釉下彩，因图案在釉下面，对人体无毒害作用，使用寿命长，但价格较贵。

（2）西餐厅使用的瓷器餐具及用品

1）主菜盘。直径为 24 cm 的圆形平盘，用于盛放主菜，如牛、羊、猪肉及禽类菜肴，也可作为汤盘的垫盘。有些餐厅用此盘做摆台的装饰盘，上面直接放餐巾花。

2）汤盆。上端直径为 20 cm 的圆形盆，用于盛放浓汤及流汁食物。使用时，下面需用垫盘。

3）汤盅。用于盛放冷汤或麦片粥，也可用于盛放热汤。用时汤盅下面垫甜品盘。

4）开胃品盘。直径为 20 cm 的圆形平盘，用于盛装开胃菜品。

5）甜品盘。直径为 18 cm 的圆形平盘，用于盛放各种甜品、水果、奶酪，或用作儿童用餐盘。

6）面包盘。直径为 15 cm 的圆形平盘，用于盛放面包及架放黄油刀。

7）黄油碟。直径为 6 cm 的小圆碟，用于盛放黄油。

8）咖啡杯及咖啡碟。服务咖啡时与咖啡匙配套使用，有些西餐厅在服务咖啡和茶时都使用此具。

9）茶杯及茶垫碟。服务红茶的用具。

10）浓咖啡杯及垫碟。一种小号的咖啡杯，盛装用压力咖啡机煮出的意大利 Expresso 浓咖啡。

11）咖啡壶。盛装咖啡的容器。咖啡分为按杯出售和按壶出售两种，如果客人点一壶咖啡，则需使用咖啡壶。

12）茶壶。泡茶用具，西餐多饮袋泡茶，一般茶壶和咖啡壶可通用。

13）奶盅。盛装淡奶或鲜奶的容器。

14）糖缸。盛放小包袋装糖用，有白糖、黄糖和代糖三种。

15）蛋盅。用于盛放煮鸡蛋，分带碟和不带碟两种。不带碟的蛋盅需在盅下垫茶垫碟，以便放鸡蛋壳。

16）洗手盅（多为玻璃器皿）。洗手盅内盛加了柠檬片的茶水或温水，供客人食用龙虾和水果等时洗手用。

17）胡椒盅和盐盅。用于盛放调味胡椒、盐，为西餐厅必备用品。

18）花瓶。餐桌及台面装饰。

19）沙司船盆。用于盛放调味沙司，有瓷质和金属两种。

3. 玻璃器皿

最常用的玻璃器皿以各种形状、不同用途的酒杯为最多，优点是晶莹剔透、价格便宜，缺点是容易损坏和刮花。

1）红葡萄酒杯。盛放红葡萄酒。

2）白葡萄酒杯。盛放白葡萄酒和玫瑰葡萄酒。

3）饮料杯。盛放冰水。

4）爱尔兰咖啡杯。调制爱尔兰咖啡的专用杯，从下至上第一道线内是爱尔兰威士忌，第二道线内为热咖啡，第二道线上倒入鲜奶油。

5）碟形香槟杯。盛放香槟。

6）郁金香形香槟杯。盛放香槟。

7）三角形鸡尾酒杯。盛放调好的鸡尾酒。

8）古典杯。主要用于威士忌和伏特加等烈性酒加冰饮用或净饮等。

9）白兰地杯。盛放餐后白兰地酒。

10）利口酒杯。盛放餐后甜酒。

11）啤酒杯。盛放冰镇啤酒。

4. 洗涤餐具

餐具洗涤是餐饮设备用品管理的主要日常工作，具体如下：

（1）收盘

收盘由餐厅服务人员负责。脏餐具用托盘或手推车运送到洗碗间，并分类摆放，以避免破损。

（2）倒刮、分类装架

洗碗间操作台备有垃圾桶，洗碗工应及时将脏餐具中的剩物倒刮至垃圾桶中，倒刮要干净彻底，并将餐具分类装入相应的框架里。

（3）冲刷

所有餐具装架后入洗碗机之前应用专设的高压龙头冲刷，水温不要太高，在框架的底部开口使被冲下的污物流到下面冲刷池里的活动垃圾桶里，这些垃圾桶应当便于清洗、拆卸。

（4）清洗

清洗过程有手工、半机械化或全部机械化操作。全自动的操作，只需将脏餐具插入筐架，其余均由机器自行完成，最后将洗净的餐具卸装即可。

（5）卸架、分类存放

一般要求卸架场所具有一定的空间，可摆两筐以上的餐具，以便在分类卸下第一筐时，使另一筐能够风干。存放时要注意分类，即根据类型、规格和用途的不同而分别放置于不同的餐具架上。

银器正常的洗涤可与其他餐具一样用洗碗机洗，特别保养处理每年可做3~4次。

二、认识餐厅家具及服务用具

（一）餐桌

餐厅所使用的餐桌基本以木质结构为主，形状主要有正方形、长方形和圆形。餐桌的大小要合理，给予每位就餐者不少于 75 cm 的边长。中餐宴会常用圆形桌，有些大型宴会的主桌会采用长方形桌。西餐宴会常用正方形桌、长方形桌、椭圆形桌、圆形桌等，也可根据客人的需要拼设异形台。圆形桌大体分为整体圆形桌和分体圆形桌两种。整体圆形桌的桌面与桌架固定在一起，可以折叠。桌面供4人用的直径为120 cm，6人用的直径为140 cm，8人用的直径为160 cm，10人用的直径为180 cm，12人用的直径为200 cm，14人用的直径为220 cm。摆设花台宜用直径240 cm的桌面，桌面用两块或四块小桌面拼接而成，也可用圆形桌面与相吻合的1/4圆弧形桌面拼接而成。

（二）餐椅

1. 木椅

木椅可分为一般木座椅和硬木制座椅。木椅的做工要相当精细和考究，可用雕花和贝壳镶嵌作为饰物。硬木椅一般要有精美的坐垫，以显示出它的庄严和豪华。

2. 钢木结构椅

钢木结构椅主要框架为电镀钢管或铝合金管，分为圆形管和方形管，又有可折叠与不可折叠之分。它的特点是重量轻、结实，可摞叠在一起，所需存放面积较小，也便于搬运。中西餐厅均可使用。

3. 扶手椅

扶手椅一般不用于中餐，通常档次高的西餐厅使用扶手椅。扶手椅的体积要比木椅宽大些，后靠背宽，弧度略大，坐在上面比木椅舒适。

4. 藤椅

藤椅作为餐厅座椅在南方使用较多。藤椅的特点是不怕潮湿，但怕风吹和干燥。藤椅多为扶手椅，一般放置在中餐厅或茶室，特别是在夏季使用给人以凉爽的感觉。

5. 儿童椅

为了方便带儿童的客人前来用餐，餐厅一般配有专为儿童使用的餐椅。儿童椅座高为65 cm左右，座宽、座深都比普通餐椅小，但必须带扶手和栏杆，以免儿童跌落。

（三）工作台

工作台是服务人员在用餐期间为客人服务的基本设备，其主要功能是存放开餐服务所需的各种服务用品，如餐具、调味品及菜单、餐巾，是餐厅家具的重要组成部分。

（四）各式服务车

1. 活动服务车

活动服务车（图1-3）用于客前分菜服务，轻便灵巧，既可以在餐厅内灵活地推来推去，也可用来上菜、收盘。它的大小和功能可根据需要设计，但太大则需较宽的餐厅通道，并占用更多的空间。

图1-3 活动服务车

2. 切割车

切割车用于在客前切割整个或整块的食品，用酒精炉或交流电加热，切板下是热水箱，一端有一个放置热盆的地方。切割车是较贵重的服务工具，一定要及时打扫清洁。清洁时，可用擦银粉擦净，并彻底抹掉沾在车内的残屑，以防与食物相接触。

3. 开胃品车

开胃品车用于陈列各种冷的开胃菜，每层可放置少许冰块降温，每餐结束均要清洁车身和各层菜盘。

4. 奶酪车

奶酪车上层用于陈列各式奶酪，架子里备有切割工具和备用餐具。餐毕，收起奶酪放入冰箱贮存，擦净车身，铺上干净台布备用。

5. 蛋糕与甜品车

一个经过厨师精心设计布置的甜品车应当是具有很大吸引力的，而且无疑会起到促进销售的作用。陈列甜品蛋糕时，最关键的是保持新鲜、整洁。银制的甜品车应始终保持其夺目的光泽。

6. 咖啡车和茶水车

咖啡车和茶水车通常用于咖啡厅，主要在供应下午茶时使用，车内备有供应咖啡和各种名茶的餐具、加热炉等。在准备间将其布置完毕后推入餐厅，现场为客人制作。

7. 烈酒车

烈酒车主要用来陈列和销售开胃酒、烈性酒和餐后甜酒，备有相应的酒杯和冰块等，相当于一个餐厅内的流动小酒吧。

8. 燃焰车

燃焰车可用液化气作为燃料，将炉头内嵌，使其成为一个平面，这样烧制和燃焰时会更加安全。燃焰车表面最好用不锈钢材料，这样易于清洁。使用时注意煤气开关、餐具的贮放及抽屉和砧板的位置；面上的槽用来放置酒瓶和调味品。

9. 送餐车

送餐车是客房送餐服务人员运送热菜所用的工具。有些送餐车用插头接通电源来保温。注意装车前必须将车预热。

（五）迎宾台、签到台、指示牌、致辞台

1）迎宾台通常设在餐厅门口的一侧，其高度以迎宾员平放肘部到地面的距离为准。台上摆放餐厅客人预订簿和客情资料、电话、插花等。

2）签到台（多用长方形桌）一般设在餐厅的入口处，铺设台布，围上桌裙，上面摆放插花、签到簿、笔等文具用品和有关活动的图文宣传资料。主办单位专门派人在此接待出席活动的客人。

3)指示牌是酒店承办的某些大型活动的告示和指南,通常用于大中型的宴请活动、大型会议等。指示牌上面的内容可以是宴会的名称、宴会厅的平面示意图、宾主的座次安排及入席路线等。

4)致辞台的形式与迎宾台相似,其朝外的一面镶有酒店的店徽,上面有麦克风,放置于主席台或主宾席的一侧,用于宾主双方相互致辞,台上还配有插花。

(六)宴会酒吧台

宴会酒吧台(或称酒水服务桌)是根据大中型宴会酒水服务的需要临时搭放的酒吧。台上整齐排列有宴会所备的酒水饮料、各式载杯、开瓶器具、冰桶、冰夹、水果装饰物和调制鸡尾酒的用具等。

三、认识餐厅布件

(一)台布

台布有各种颜色和图案,但传统、正式的台布通常是白色的,此外,常见的还有乳黄色、粉红色、淡橙色等。对于主题性餐饮活动,台布的颜色和风格的选择可以多样化,不必拘泥。台布的大小应与餐桌相配,正方形台布四边垂下部分的长度以 20～30 cm 为宜。

(二)装饰布

装饰布是指斜着铺盖在正常台布上的附加布巾,其规格一般为 100 cm×100 cm 或大小与台布面积相适应,对于由正方形桌拼接成的长方形桌,必须加铺首尾相连的数块装饰布。圆形桌装饰布规格与台布规格相当,覆盖整个台面,铺设角度与台布相错或四边平均下垂贴于桌裙前。

(三)餐巾和围嘴

餐巾和围嘴都是餐桌上的保洁布件。餐巾的大小规格不尽相同,边长为 50～65 cm 的餐巾最为适宜,规格较小的餐巾称为鸡尾酒巾。围嘴是指在西餐服务过程中,客人进食龙虾、意式面条、烧烤、铁板烧等菜肴时,由服务人员协助客人系在胸前的保洁布巾,以防酱汁、油污溅染衣物。

(四)台布垫

台布垫又称台呢,一般用法兰绒制作,铺设在台布下面,可使桌面显得柔软,放置瓶时不会发出声音。另外,还可延长台布的使用寿命,减轻银器等贵重器皿直接与台面的碰撞和摩擦。

(五)桌裙

对于高档豪华宴会的餐桌、宴会酒吧、服务桌、展示台等,必须围设桌裙。具体的方法是:铺好台布后,沿桌子的边缘按顺时针方向将桌裙用大头针、尼龙搭扣固定。

(六)其他布件

1. "十"字形台布

"十"字形台布常见于咖啡厅,其规格一般为 30 cm×140 cm,便于撤换,在桌面上通常以"十"字形铺设。

2. 托盘垫巾

根据托盘的规格和大小由房务部洗衣房用报废的布件缝制的垫布,这一类垫布还可铺垫在餐具柜和工作台上。

3. 服务布巾

服务布巾用于擦拭杯具、金属餐具、餐厅服务用具等,绝对不能用餐巾代替。

4. 椅套

椅套与台饰布件相互对应,互相映衬。椅套也广泛用于各类高档典雅的中西宴会餐椅的布置和装饰中。

四、餐具的保养

(一)银餐具的保养

1. 银餐具的保管

常用的银餐具有餐刀、餐叉、大小银盘、各种不同种类的壶盅和勺等。摆台时,检查银餐具是否清洁光亮。使用过程中,要注意轻拿轻放,尽量避免碰撞硬物。银器餐具是贵重餐具,一般由餐厅管事部派专人负责管理,所有银器必须登记造册分类分档。经常使用的银餐具,应每日清点,尤其是大型宴会由于餐具用量多、流量大,更要仔细点检,防止丢失。收台时要先清点和收捡台上的银餐具,防止小件银餐具误失。银器要专橱专用,分类存放,既安全整齐,又便于清点。

2. 银餐具的保养

使用过的银餐具应立即送洗并严格消毒,清点后妥善保管。接触过蛋类的银器更要加倍擦洗,应特别注意凹面,要用手指向里擦,因为蛋类与银器接触后,会生成黄色的蛋白银。银器长期不用,颜色会变黑,所以要定期彻底擦洗。擦洗银器通常使用银粉,方法是先将银器浸水,再用刷子或揩布沾上银粉,用力揩擦污渍,待晾干后,用干布用力擦亮,然后用开水泡洗消毒,最后用消毒洁净的揩布揩干。不锈钢餐具也可用此方法擦洗。银器保养时可浸泡在以碳酸钠为主的溶液中,加温至 80℃(时间要短,否则就失去光泽),使其恢复光泽,再行抛光。

(二)瓷器餐具的保养

1. 检查破损

破损的餐具不能使用。检查时,可将两个瓷器轻微碰撞一下,声音清脆说明完好,声音沙哑则表明已有暗损。

2. 及时清洗

用后的餐具要及时清洗，不得残留油污、茶垢和食物。经洗碗机洗净消毒后，用专用的消毒抹布擦干水渍，存入橱柜，防止灰尘污染。

3. 分类保管

瓷器规格型号庞杂，数量繁多，为便于清点管理和拿取使用，在仓库或橱柜中必须按照不同的种类、规格、型号分别存放，避免因乱堆乱放造成的挤碎压裂现象。

4. 谨防潮湿

保管瓷器的库房要干燥通风，因为受潮后，包装材料易霉烂并腐蚀瓷器表面，使金、银边变得灰暗无光或产生裂纹，降低瓷器质量。

（三）玻璃器皿的保养

酒杯通常贮存在准备间内，一般单排倒扣在架上以避免落进灰尘；还有一种方法是用包上塑料皮的特制金属架插放杯子，这种特制的框架是搬运和移动杯子较为方便的工具，还可减少损耗和破损。

平底无脚酒杯不可叠置，因为这样将导致大量破损，并容易发生意外。在拿平底无脚酒杯和带把的啤酒杯准备摆台时，应该倒扣在托盘上运送。拿葡萄酒杯、高脚酒杯时，可以用手搬运（将其脚部插在手指中，平底靠向掌心）。但在服务过程中，无论如何，所有的玻璃杯都必须用托盘搬运。

案例情境

> 正值旅游旺季，某五星级酒店餐厅客流量猛增。小张被调到高级西餐厅帮忙时发现，餐台上的红酒杯清透度非常高，手感比普通玻璃杯轻。于是她向餐厅领班咨询缘由，得知这是一款产自意大利的品质上乘的水晶葡萄酒杯。由于水晶的清透度远远高于普通玻璃，所以在观看酒的颜色时，水晶杯能更加清晰地反映酒色。水晶杯杯壁薄，摇动酒液时会感觉到很轻松，碰撞起来会发出清脆的声音。
>
> **案例思考：** 水晶葡萄酒杯应该如何保养呢？

任务实训

能准确识别出中餐餐具与西餐餐具是上岗前必备的技能。在工作中要正确使用餐饮设备用品。请以小组为单位开展实训，做好岗前的知识与技能储备。

项目二　餐饮服务技能

餐饮服务技能是指与餐饮业务相关的规范的基本技能或技巧。熟练地掌握餐饮服务基本技能是做好服务工作、提高服务质量的基本条件。餐饮服务的每项技能和每个环节，如托盘、摆台、餐巾折花、酒水服务和菜肴服务等都有特定的操作方法、程序和标准，因此服务人员要努力学习餐饮基本理论知识，刻苦训练，熟练掌握过硬的餐饮服务基本技能，做到在操作规范化、程序化和标准化的基础上，提供优质的个性化服务。

项目目标

1. 能描述托盘的操作要领和方法，并能将托盘运用自如。

2. 能描述餐巾折花的操作要领和方法，能折叠各种造型的环花、盘花和杯花。

3. 能按照中西餐摆台的操作程序摆台。

4. 能根据中西餐酒水服务的操作要领和方法为客人提供酒水服务。

5. 能根据中西餐菜肴服务的操作要领和方法为客人提供菜肴服务。

6. 能描述其他相关服务技能的操作要领和方法，并能为客人提供相关服务。

任务一 托 盘

任务目标

1. 能描述托盘的操作要领和方法。
2. 能掌握托盘的种类和用途。
3. 能学会托盘的操作方法。
4. 能熟练使用托盘完成餐饮服务工作。

相关知识

托盘是餐厅运送各种物品的基本工具。正确使用托盘，既是每个餐厅服务人员必须掌握的基本操作技能，又可以提高工作效率、服务质量和规范餐厅服务工作。

一、托盘的种类及用途

（一）托盘的种类

1. 按材质分

常见的托盘有塑胶防滑托盘、不锈钢托盘、银托盘、木质托盘等。

2. 按大小分

托盘分为大、中、小三种规格。

3. 按形状分

托盘有方形、长方形和圆形等。

（二）托盘的用途

1）长方形托盘一般用于托送菜点和盘碟等较重物品。

2）直径大的圆形托盘主要用于对客服务，如斟酒、分菜和托送饮品。

3）直径小的金属圆托盘主要用于递送账单和信件等。

二、托盘的操作方法

托盘方法按承载物重量分为轻托和重托两种。

（一）轻托

轻托（图2-1），一般在客人面前操作，主要用于托送较轻的物品和对客服务，所托重量一般在5 kg左右。轻托动作要求熟练、优雅和准确，操作方法如下：

图2-1 轻托

1. 理盘

根据所托的物品选择清洁合适的托盘，如果不是防滑托盘，则在盘内垫上洁净的垫布。

2. 装盘

根据物品的形状、体积和使用先后顺序合理安排，以安全稳当和方便为宜。一般是重物、高物放在托盘里挡，轻物、低物放在外挡；先上桌的物品放在上面、前面；后上桌的物品放在下面、后面。要求托盘内物品重量分布均衡，重心靠近身体。

轻托技能

3. 起盘

左手五指分开，掌心向上，小臂与大臂垂直于左胸前，平托略低于胸前。

4. 行走

行走时，要头正肩平，上身挺直，目视前方，脚步轻快稳健，精力集中，随着步伐移动，托盘会在胸前自然摆动，但以菜肴酒水不外溢为标准。

5. 卸盘

到达目的地，屈膝直腰，放盘。先把托盘前端1/3平稳地放到工作台上，然后将托盘推进去放好，再安全取出盘内物品。用轻托方式给客人斟酒时，要随时调节托盘重心，勿使托盘翻倒。

（二）重托

重托（图2-2），是托载较重的菜点和物品时使用的方法，所托重量一般在10 kg左右。目前国内酒店使用重托的不多，一般用小型手推车递送重物，既安全又省力。但是，服务人员也应了解使用重托的基本技能。

图2-2 重托

1. 理盘

将物品合理摆放在托盘内，要求托起后重心靠近身体。

2. 托盘

双手将托盘移至工作台外，用右手拿住托盘的一边，左手伸开五指托住盘底，掌握好重心后，用右手协助左手向上托起，同时左手向上弯曲臂肘，向左后方旋转180°，擎托于肩外上方，做到盘底不搁肩，盘前不靠嘴，盘后不靠发，右手自然摆动或扶托盘的前内角。

3. 行走

上身挺直，两肩放平，行走时步伐轻快，肩不倾斜，身不摇晃，掌握重心，保持平稳，动作表情轻松自然。

4. 卸盘

屈膝直腰，放盘。

案例情境

> 小张毕业后，经过层层选拔有幸进入一家有着良好口碑与信誉的五星级酒店的餐饮部工作。小张到酒店工作的第一天，人力资源部首先针对新员工进行了一次岗前托盘技能的培训，目的是通过这次培训让新员工认识到托盘的重要性。
>
> 经过岗前培训，小张到餐饮部的第一个工作岗位是传菜员，她的托盘技能即将得到检验。
>
> **案例思考：**托盘的重要性是什么？

三、托盘行走时的五种步伐

1）常步。步履均匀而平缓，快慢适当，适用于餐厅日常服务工作。

2）快步（急行步）。较之常步，快步步速要快一些，步距要大一些，但应保持适宜的速度，不能表现为奔跑，否则会影响菜品形态或使菜肴意外洒出；端送火候菜或急需物品时，在保证菜品不变形、汤汁不洒的前提下，以较快的速度行走。

3）碎步（小快步）。步距小而快，中速行走。运用碎步，可以使上身保持平稳，避免汤汁溢出。碎步适用于端送汤汁多的菜肴及重托物品。

4）跑楼梯步。身体向前倾，重心前移，用较大的步距，一步跨两个台阶，一步紧跟一步，上升速度快而均匀，巧妙地借用身体和托盘运动的惯性，既快又节省体力。此法适用于托送菜品上楼。

5）垫步（辅助步）。需要侧身通过时，右脚侧一步，左脚跟一步。当餐厅员工在狭窄的过道中间穿行时或欲将所端物品放于餐台上时应采用垫步。

任务实训

由于各个酒店的餐厅环境不同，工作任务也会有差异，但作为最基本的托盘操作会经常用到，有时也会托送盘碟、菜点等较重的物品，甚至会重托上下楼梯到包房等地方进行服务。请按理盘—托盘—行走—卸盘的步骤练习重托，并进行重托上下楼梯训练。

任务二 餐巾折花

任务目标

1. 能描述餐巾及餐巾花的种类和特点。
2. 能按照餐巾折花的基本技法和要领折叠各种造型的杯花、盘花和环花。
3. 能按照餐巾花的应用原则正确选择餐巾花。
4. 能根据宴会主题设计适宜的餐巾花，美化宴会台面。

相关知识

餐巾，又称"口布"，是客人用餐时的保洁方巾。其绚丽的色彩、逼真的造型有美化席面、烘托气氛的作用。

一、餐巾的种类及特点

（一）全棉和棉麻混纺餐巾

全棉和棉麻混纺餐巾的特点是吸水性强、触感好、色彩丰富，但易褪色、不够挺括，每次洗涤需上浆，平均寿命4～6个月。

（二）化纤餐巾

化纤餐巾的特点是结实耐用，但染上污渍不易洗掉。价格适中。

（三）维萨餐巾

维萨餐巾的特点是色彩鲜艳丰富、挺括、方便洗涤、不褪色并且经久耐用，可用2～3年，但吸水性差、价格较高。

（四）纸质餐巾

纸质餐巾的特点是一次性使用，成本较低，一般在快餐厅和团队餐厅使用。

二、餐巾花的种类及特点

（一）按造型外观分类

1. 动物类造型

动物类造型的餐巾花包括鱼虫鸟兽造型，如鸽子、海鸥、金鱼、蝴蝶和孔雀，有的取其特征，形态逼真，生动活泼。

2. 植物类造型

植物类造型的餐巾花包括各种花草和果实造型，如月季、荷花、水仙、竹笋和玉米，其造型美观，变化多样。

3. 其他类造型

其他类造型餐巾花包括模仿自然界和日常生活中的各种形态的实物造型，如冰川、折扇、水晶鞋、花篮。

（二）按折叠方法与放置用具的不同分类

1. 杯花

杯花（图2-3）是将折好的餐巾插入水杯或红葡萄酒杯中。特点是立体感强、造型逼真，常用推折、捏和卷等复杂手法；缺点是容易污染杯具，不宜提前折叠储存，从杯中取出后即散形且褶皱感强。一般应用在中式餐台的布置中。

图2-3　杯花

2. 盘花

盘花（图2-4）是将折叠好的餐巾花直接放在餐盘中或台面上。特点是手法简洁卫生，可以提前折叠，便于储存，打开后平整。由于其简洁大方、美观实用的特点，目前被中西餐厅广泛使用。

3. 环花

环花（图2-5）是将餐巾平整卷好或折叠成造型，套在餐巾环内。餐巾环也称为餐巾扣，有瓷制、银制、象牙、塑料、骨制等。此外，餐巾环也可用色彩鲜明、对比感较强的丝带或丝穗带代替，将餐巾卷成造型，中央系成蝴蝶结状，然后配以鲜花。餐巾环花通常放置在装饰盘或餐盘上，特点是传统、简洁和雅致。目前多应用于宴会摆台中。

图2-4　盘花

图2-5　环花

案例情境

小张在传菜员的岗位工作一周后转岗到包房担任值台服务人员,该包房中午将接待几位商务客人,领班安排小张做好包房的餐前准备工作。

经过一番忙碌,小张完成了包房的餐前准备工作,领班来验收其工作时,被杯中栩栩如生的餐巾花吸引。

案例思考: 餐巾折花的重要性有哪些?

三、餐巾折花的基本技法和要领

(一)折叠

折叠是最基本的餐巾折花手法,大部分折花会用到,例如,将餐巾一折二、二折四。折叠时要看准折缝和角度,一次折成,避免反复,影响造型的挺括美观。

(二)推折

推折是打折时应用的一种手法。推折时应在干净光滑的台面或干净白瓷盘上。折时,拇指、食指紧握折叠处向前推,用中指控制间距,不能向后拉折,一般应从中间分别向两边推折。推折分为直推和斜推:直褶的两头大小一样,平行用直推法即可;斜褶一头大一头小,形似扇状,推折时用斜推。斜推时,用一手固定所折餐巾的中点不动,另一手按直推法围绕中心点沿圆弧形推折,其指法基本与直推相同。

(三)卷

卷是将餐巾卷成圆筒形并制出各种花型的手法,分为平行卷(直卷)和斜角卷(螺旋卷)两种。平行卷要求两手用力均匀,同时平行卷动,餐巾两头形状一样。斜角卷要求两手能按所卷角度的大小,互相配合卷。

(四)翻拉

翻拉是在折制的过程中,将餐巾折、卷后的部位翻或拉成所需花样,如将餐巾的巾角从下端翻拉至上端、前面向后面翻拉。

(五)捏

捏主要是做鸟或折其他动物的头所使用的方法。要求用拇指和食指将餐巾巾角的上端拉挺做头颈,然后用食指将巾角尖端向里压下,再用中指与拇指将压下的巾角捏紧成造型。

(六)穿

穿是指用工具从餐巾的夹层折缝中边穿边收,形成皱褶,使造型更加逼真美观的一种方法。由于用筷子穿会影响操作卫生，且从杯中取出后褶皱感强，目前在餐厅中不被广泛使用。

四、餐巾花的选择和应用

餐巾花的选择和应用，一般应根据餐厅或宴会的性质、规模、规格、季节、来宾的信仰、风俗习惯等因素，以取得布置协调美观的效果。

1）根据餐厅的主题和性质选择色彩、质地和花型。

2）根据宴会的规模、规格、接待对象、席位安排和时节等选择色彩和花型。大型宴会可选用简单、可提前准备的盘花；婚礼可用玫瑰花、并蒂莲和鸳鸯等；圣诞节可选用圣诞靴和圣诞蜡烛等花型。

3）宴会选用杯花时，主位应稍高，摆放要注意卫生，并将观赏面朝向客人座位，动物和植物花型可以搭配选用，也可用一种或两种花型。餐厅或宴会选用盘花或环花时，一般以一种或两种为宜，体现整齐划一，否则会显得杂乱。

任务实训

1. 学习折叠不同造型的杯花、盘花和环花。
2. 根据宴会主题选择餐巾花。

任务三 摆 台

任务目标

1. 能描述摆台的基本程序和操作要领。
2. 能根据中餐宴会摆台的操作要领摆台。
3. 能根据中餐零点摆台的操作要领摆台。
4. 能根据西餐宴会摆台的操作要领摆台。
5. 能根据西餐零点摆台的操作要领摆台。

相关知识

摆台是为客人就餐摆放餐桌、确定席位、提供必要的就餐用具而进行的餐前准备工作等。

一、中餐摆台

中餐厅要求餐台摆放合理、符合传统习惯、餐具卫生、摆设配套齐全、规格整齐一致，既方便用餐，又利于席间服务，同时富有美感。

（一）中餐宴会摆台（10人位）

1. 摆放桌椅

摆放餐桌和餐椅时，要求餐桌的腿正对门的方向，餐椅三三两两摆放，椅背对齐；成行的桌子和椅子排列整齐。

2. 铺台布

拉开主人位餐椅，站在主人位，将叠好的台布用推拉式、抖铺式或撒网式铺设。铺设时，台布正面朝上打开，三次抓在手里收回后，再推出去，一次完成。推出的同时，向回轻拉，以防止台布推出过多而落地。铺好的台布正面朝上，凸缝从主人位指向副主人位，四角下垂均等；也可根据需要在台布上斜铺色彩不同的装饰布，以烘托气氛。

3. 放转盘

先将转盘底座放于台面中心位置，再竖起搬动转盘，放于底座之上，轻轻转动并用手指测试。

4. 餐碟定位

从主人位开始一次性定位，摆放餐碟，餐碟边沿距桌边 1.5 cm；餐碟间距均等，与相对餐碟、餐桌中心点三点一线；手拿餐碟边缘部位，卫生、无碰撞。

5. 摆放汤碗、汤勺、味碟

汤碗摆放在餐碟左上方 1 cm 处，味碟摆放在餐碟右上方，与汤碗间距 1 cm，汤碗与味碟之间距离的中点对准餐碟的中点。汤勺放置于汤碗中，勺把朝左，与餐碟平行，汤碗、味碟的横向直径和汤勺柄成一条直线，如图 2-6 所示。

6. 摆放筷架、席面羹、牙签和筷子

筷架摆在餐碟右边，其横中线与汤碗、味碟横中线在同一条直线上。筷架左侧纵向延长线与餐碟右侧相切。席面羹、筷子搁摆在筷架上，筷套正面朝上，筷尾的右下角距桌沿 1.5 cm；牙签位于席面羹和筷子之间，牙签套正面朝上，底部与席面羹齐平。

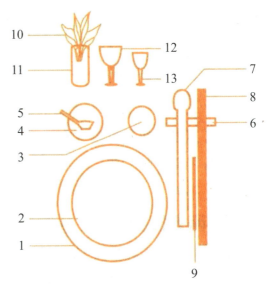

图 2-6 中餐宴会餐具的摆放

1—装饰盘；2—餐碟；3—味碟；4—汤碗；5—汤勺；
6—筷架；7—席面羹；8—装有筷套的筷子；
9—小包装牙签；10—餐巾花；11—水杯；
12—葡萄酒杯；13—白酒杯

7. 摆放葡萄酒杯、白酒杯和水杯

葡萄酒杯摆放在餐碟正前方（汤碗与味碟之间距离的中点线上），白酒杯摆放在葡萄酒杯的右侧，水杯位于葡萄酒杯的左侧，杯肚间隔 1 cm，三杯杯底中点连线成一水平直线。水杯待杯花折好后一起摆上桌。摆杯手法要正确（手拿杯柄或中下部），保证卫生。

8. 摆放公用餐具

公用筷架摆放在主人和副主人位水杯的正上方，距水杯杯肚下沿切点 3 cm，先勺后筷顺序将公勺、公筷搁摆于公用筷架之上，勺柄、筷子尾端朝右。

9. 摆放餐巾折花

要求餐巾折花花型丰富、注重色彩、美观大方、突出主人和副主人位；餐巾折花挺拔、造型美观，观赏面朝向客人，有头、尾的动物造型应头朝右；操作手法卫生，不用口咬、下巴按、筷子穿，手不触及杯口及杯的上部；杯花底部应整齐、美观，插入杯中要掌握适当的深度（落杯不超过 2/3 处）。

10. 摆放花盆、菜单和桌号牌

花盆摆在台面正中，造型精美；桌号牌摆放在花盆正前方，面对副主人位；菜单摆在主人和副主人位的筷子架右侧，位置一致，菜单右尾端距离桌边 1.5 cm。

11. 拉座椅让座

（1）拉座椅

从第一主宾位开始，座位中心与餐碟中心对齐，餐椅之间距离均等，餐椅座面边缘距台

布下垂部分1 cm。

(2) 让座

让座手势正确，体现礼貌。

（二）中餐零点摆台

中餐零点摆台可根据餐厅布局，摆放2人位、4人位、6人位、8人位等桌椅，摆台程序及要领与宴会摆台一致。

二、西餐摆台

西餐服务具有悠久的历史，在国际上早已形成一定规范。我国的西餐服务应遵循国际惯例，在标准化、规范化和程序化的服务基础上，体现个性化服务，以优质的服务为酒店创造良好的声誉和经济效益。

（一）西餐宴会摆台（6人位）

1. 摆放桌椅

西餐宴会一般采用长方形桌，根据宴会人数整齐摆放餐椅。

2. 铺台布

先拉开副主人位餐椅，在副主人位铺台布；然后拉开主人位餐椅，在主人位铺另一张台布。两块台布中凸线对齐且在中央重叠，重叠部分均等、整齐，主人位方向台布交叠在副主人位方向台布上。铺台布要求动作正确、干净利落，一次铺成；铺好的台布要求中缝凸面向上，台布四周下垂均等。

3. 餐椅定位

从主人位开始按顺时针方向进行定位，从餐椅正后方进行操作；餐椅之间距离均等，相对餐椅的椅背中心对准；椅面边沿与下垂台布距离均等。

4. 摆装饰盘

用干净餐巾托住装饰盘，手持盘沿右侧操作，要求轻拿轻放；从主人位开始，按顺时针方向将装饰盘摆在每个餐位正中，装饰盘中心与餐位中心对准，盘边距离桌边2 cm，与餐具尾部成一条线；盘与盘之间距离均等。

5. 摆刀、叉、勺

刀、叉、勺由内向外摆放，距桌边距离均等；刀、叉、勺之间及与其他餐具间距离均等，整体协调、整齐。

6. 摆面包盘、黄油刀、黄油碟

面包盘边缘距开胃品叉1 cm，面包盘中心与装饰盘中心对齐；黄油刀置于面包盘内右侧1/3处；黄油碟摆放在黄油刀尖正上方，间距均等。

7. 摆白葡萄酒杯、红葡萄酒杯、水杯

白葡萄酒杯摆在开胃品刀的正上方，杯底距开胃品刀尖 2 cm。三杯向右与水平线呈 45°；各杯肚之间间距均等。拿杯手法正确、卫生。

8. 摆中心装饰物

将中心装饰物的中心置于餐桌中央和台布中线上，装饰物主体高度不超过 30 cm。

9. 摆烛台

烛台与中心装饰物相距 20 cm，底座中心压台布中凸线。两个烛台方向一致，并与杯具所成直线平行。

10. 摆牙签盅、椒盐盅

牙签盅中心压在台布中凸线上，与烛台相距 10 cm；椒盐盅与牙签盅相距 2 cm；左椒右盐，椒盐盅两瓶间距 1 cm。

11. 摆放餐巾折花

选择整齐划一的盘花或环花，折叠方法正确、卫生，餐巾花挺拔、造型美观。将餐巾花摆放到装饰盘正中，观赏面朝向客人；造型美观、大小一致，突出主人位。

西餐要根据菜单要求摆放餐具，图 2-7 是由头盘、汤、鱼、主菜、甜点组成的宴会菜单的餐具摆放。

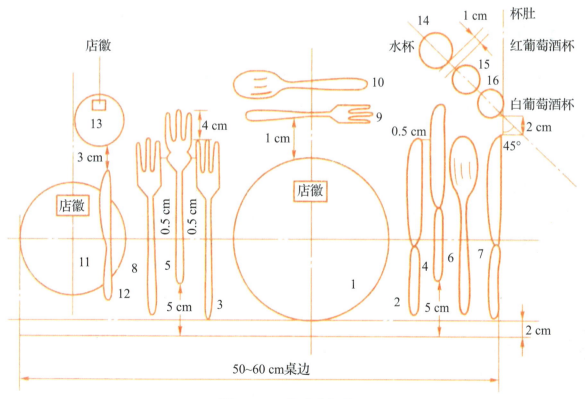

图 2-7　西餐宴会摆台

1—装饰盘；2—餐刀；3—餐叉；4—鱼刀；5—鱼叉；6—汤勺；7—开胃品刀；8—开胃品叉；9—甜点叉；10—甜品勺；11—面包盘；12—黄油刀；13—黄油碟；14—水杯；15—红葡萄酒杯；16—白葡萄酒杯

（二）西餐零点摆台

西餐厅一般使用正方形或长方形餐台，根据餐厅的形状和规模摆放不同，满足不同人数的就餐需要。在西餐厅，要求零点餐台（图2-8）摆放合理、摆设配套齐全、规格整齐一致，既方便用餐，又利于席间服务，同时具有美感。

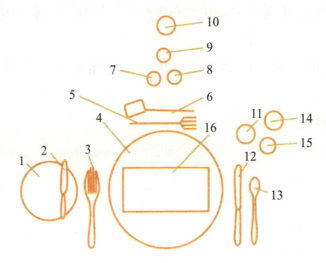

图2-8 西餐零点餐台的摆放

1—面包盘；2—黄油刀；3—餐叉；4—装饰盘；5—甜品叉；6—甜品勺；7—胡椒盅；8—盐盅；9—牙签盅；10—花瓶；11—水杯；12—餐刀；13—汤勺；14—红葡萄酒杯；15—白葡萄酒杯；16—餐巾花

案例情境

转眼间，小张在包房已经工作两个月了。领班在开班前会时，通知了大家一个好消息：当地文化和旅游局将举行一年一度的酒店服务技能大赛，包括中餐宴会摆台、西餐宴会摆台、客房中式铺床及调酒四个项目，每个项目将从专业技能、专业理论和专业英语三个方面进行考核。小张在校期间，参加了全国职业院校技能大赛中餐宴会摆台项目，并在竞争激烈的比赛中获得了二等奖。这次比赛对她来说是一个机遇，同时也是一个新的挑战，她希望能通过这次比赛，提高自己的技能水平、英语水平及理论水平。

案例思考： 摆台有哪些注意事项？

任务实训

1. 中餐宴会摆台（10人位）。

中餐宴会厅将承办规模为30桌的宴会，请同学们根据本次宴会的主题和举办时间设计摆台，特别注意装饰布、台布与餐巾布件类的选择和搭配，同时设计好花盆、菜单、桌号牌等细节，体现宴会喜庆、欢乐的氛围。

2. 中餐零点摆台（4人位）。

在中餐厅，按照4人位进行中餐零点摆台，但接待客人时发现此次就餐只有3位客人，请训练将4人位的摆台迅速调整为3人位。

在中餐厅，按照4人位进行中餐零点摆台，但接待客人时发现此次就餐为5位客人，请训练将4人位的摆台迅速调整为5人位。

3. 西餐零点摆台（6人位）。

在西餐厅，按照6人位进行西餐零点摆台，但接待客人时发现此次就餐只有5位客人，请训练将6人位的摆台迅速调整为5人位。

在西餐厅，按照6人位进行西餐零点摆台，但接待客人时发现此次就餐为7位客人，请训练将6人位的摆台迅速调整为7人位。

任务四 斟 酒

任务目标

1. 会识别各种杯具。
2. 能按照规范程序和操作要领进行酒水服务。
3. 会用不同的方式为客人斟倒酒水。
4. 能为客人提供红葡萄酒服务。
5. 能为客人提供香槟酒服务。
6. 能为客人提供白酒服务。

相关知识

酒水服务是餐厅服务工作中一项基本的服务技能,由于酒水的品种繁多,饮用要求的温度、盛载的杯具和服务都不尽相同,因此服务人员应熟练掌握中、西餐厅酒水服务技能,才能真正为客人提供优质服务。

一、准备杯具

餐桌上晶莹美观的各式酒杯,不仅能增添餐厅用餐的气氛,还能使酒水的特性得到更好的发挥。服务人员要了解不同酒水使用的杯具、清洁卫生标准及操作方法。例如,啤酒杯的容量大、杯壁厚,可较好地保持啤酒的冰镇效果;葡萄酒杯做成郁金香花型,斟倒五分满或七分满,使酒与空气保持充分接触,让酒香更好地挥发;中国烈性酒杯容量较小,以使杯中酒更显名贵与纯正。

二、准备酒水

酒水准备工作除了根据客人的要求填写点酒单从酒吧取出酒水,还要保证酒水的温度符合要求。

三、展示商标

整瓶的葡萄酒和烈性酒在开瓶前,应向主人展示酒的商标,让其验看。这样一可以避免差错,二可以表示对客人的尊重,三可以促进销售。

四、酒水开瓶

酒水瓶罐的封口常见的有皇冠瓶盖、易拉环、软木瓶塞和旋转瓶盖等。常用开启酒水瓶盖的工具如图2-9所示。

（a）酒刀（又称多功能开塞器）

（b）翅式开塞器

（c）合式瓶钻

图2-9 开瓶工具

（一）葡萄酒开瓶（图2-10）

开瓶时,尽量避免晃动瓶身,动作要准确、敏捷和果断。具体的方法是:用酒刀割取包装纸,将瓶钻垂直钻进木塞,用杠杆原理将木塞拔出,再用干净的布巾擦拭瓶口,检查木塞。

（二）香槟酒开瓶

香槟酒（葡萄汽酒）的瓶塞是用外力将木塞大部分压进瓶口,露有一截帽形物,并用铁丝绕扎以稳定瓶内丰富的气体。开瓶前首先提前冰镇,开时将瓶身倾斜约60°,左手大拇指紧压塞顶,用右手扭开铁丝,然后握住木塞,轻轻转动往上拔,靠瓶内的压力和手拔的力量使瓶塞弹出,再保持倾斜数秒,防止酒液溢出。

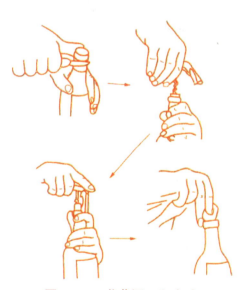

图2-10 葡萄酒开瓶方法

（三）皇冠瓶盖酒水开启

用托盘将酒水托至工作台,当众用扳手开启。

（四）易拉罐酒水开启

用托盘将酒水托送至餐台,左手托盘。服务人员在客人右侧用右手开启,不可对着客人拉易拉罐。开启啤酒和汽水前不可晃动易拉罐,避免液体外喷。

五、斟倒酒水

(一)徒手斟倒

徒手斟倒时,服务人员左手持服务巾背于身后,右手持酒瓶的下半部,商标朝向客人,右脚跨前踏在两椅之间,在客人右侧斟倒。

(二)托盘斟酒

托盘斟酒时,左手持托盘,右手持酒瓶斟酒。注意托盘不可越过客人的头顶,而应向后自然拉开,掌握好托盘的重心。服务人员站在客人的右后侧,身体前倾,手臂前伸,商标朝向客人。

(三)斟酒顺序和酒量的控制

中餐零点餐台斟酒一般从主宾位置开始,按顺时针方向依次进行。烈性酒斟至酒杯八分满;红葡萄酒斟至五分满;白葡萄酒斟至七分满;软饮料斟至八分满;啤酒顺着杯壁斟倒,以泡沫不溢出为佳。

六、酒水服务示例

红酒服务

(一)红葡萄酒服务

1. 准备工作

1)主人订完酒后,立即去酒吧取酒,尽量不超过 5 分钟。

2)准备好红酒篮,将一块干净的餐巾铺在红酒篮中。

3)将取回的葡萄酒放在酒篮中,商标向上。

2. 展示商标

1)将小碟放在客人餐具的右侧。

2)服务人员右手持酒篮,左手轻托住酒篮的底部,呈 45° 倾斜,商标向上,请客人看清酒的商标,并询问客人是否可以服务。

3. 开启酒瓶

1)用开塞器开启酒瓶。

2)将木塞放入小碟中,请客人过目。

4. 斟倒服务

1)服务人员将打开的红葡萄酒瓶放回酒篮,商标朝上,同时用右手拿起酒篮,从主人右侧倒 1/5 红葡萄酒,请主人品评酒质。

2)按照女士优先的原则,依次为客人倒酒,倒入杯中 1/2 即可。

3）倒完酒后，把酒篮放在客人餐具的右侧，注意不能将瓶口对着客人。

4）随时为客人添加红葡萄酒。

5）当整瓶酒将要倒完时，询问是否需要再加一瓶。

6）如果表示不再加酒，即观察客人，待其喝完酒后，立即将空杯撤掉。

（二）香槟酒服务

1. 准备工作

1）准备冰桶。

2）将酒从酒吧取出，擦拭干净，再放在冰桶内冰镇。

3）将酒连同冰桶和冰桶架一起放到客人桌旁不影响正常服务的位置。

2. 展示商标

将酒瓶送至客人面前，向客人展示商标得到确认。

3. 开启酒瓶

1）按照香槟酒开瓶标准为客人开启酒瓶。

2）开瓶时动作不宜过猛，以免发出过大的声音而影响客人。

4. 斟倒服务

1）用餐巾将瓶身包住，露出商标。

2）用右手拇指抠住瓶底，其余四指分开，托住瓶身。

3）向主人杯中注入 1/5 的酒，交由客人品尝。

4）按照女士优先的原则，依次服务，斟倒 3/4 的量即可。

5）每斟一杯酒最好分两次完成，以免杯中泛起的泡沫溢出。斟完后须将瓶身顺时针轻转一下，防止瓶口酒液滴落在台面上。

6）最后为主人斟倒，再将酒瓶放回冰桶内冰镇。

7）当酒瓶中只剩下一杯酒量时，须及时征求主人意见是否需要再加一瓶。

（三）白酒服务

1. 准备工作

在规定时间内取回客人所点的酒水，准备餐巾和服务巾。

2. 展示商标

站在客人右后侧，右手持酒瓶，左手轻托瓶底，商标朝向客人展示。

3. 开启酒瓶

在客人面前开启酒瓶。左手扶住酒瓶，右手持酒刀取瓶口包装纸，再将瓶盖旋转拧开；用干净的餐巾擦拭瓶口。

4. 斟倒服务

左手持服务巾，背于身后；右手握瓶下半部，酒标朝向客人；右脚跨前踏在两椅之间，在客人右侧斟倒；从主宾位开始，顺时针方向依次斟倒；瓶口距杯口 1～2 cm；当杯中酒液接近七分满时，放慢速度，斟至八分满时停止斟倒；每斟完一杯向内旋转 1/4 圈，并用服务巾擦拭瓶口；斟酒时做到不滴不洒、不少不溢，酒量均匀。

七、斟酒注意事项

1）为客人斟酒不可太满，瓶口不可碰杯口。

2）斟酒时，酒瓶不可拿得过高，以防酒水溅出杯外。

3）当因操作不慎将杯子碰倒时，要立即向客人表示歉意，同时在桌面酒水痕迹处铺上干净的餐巾，因此要掌握好酒瓶的倾斜度。

4）啤酒泡沫较多，斟倒时速度要慢，让酒沿杯壁流下，这样可减少泡沫。

5）当客人祝酒讲话时，服务人员要停止一切服务，端正站立在适当的位置上，不可交头接耳，要随时注意保证每个客人杯中都有酒水；讲话即将结束时，要向讲话者送上一杯酒，供祝酒之用。

6）主人离位或离桌去祝酒时，服务人员要托着酒，跟随主人身后，以便及时给主人或其他客人续酒；在宴会进行过程中，服务人员要随时注意每位客人的酒杯，杯中酒水只剩下 1/3 时，应及时添酒；也可将酒分至各分酒器中，客人根据需要自己用分酒器添加酒水。

7）斟酒时，应站在客人的右后侧，进行斟酒时脚呈"大丁字步"姿势，切忌左右开弓进行服务。

8）手握酒瓶的姿势。首先要手握酒瓶中下端，商标朝向客人，便于客人看到商标，同时可向客人说明酒水特点。

9）斟酒时，要经常注意瓶内酒量的多少，以控制酒出瓶口的速度。因为瓶内酒量的多少不同，酒的出口速度也不同，瓶内酒越少，出口的速度就越快，倒时容易冲出杯外。要掌握好酒瓶的倾斜度，使酒液徐徐注入酒杯。

案例情境

"明月几时有，把酒问青天。"从古至今人们对"酒"的评价一直很高，如从古人的"一醉解千愁"到今人说的"酒是冬天里的火"，品酒虽易，斟酒不易。品尝一杯绝佳好酒是享受、是自由，但是斟酒对于要参赛的小张来说是一个难题。小张在赛前训练过程中发现自己在斟酒技能方面非常欠缺，于是她通过查阅资料，了解了酒的特点和斟酒的要点，并主动向张领班请教。在领班的指导下，小张经过几天的斟酒训练，斟酒技能得到了提高。

案例思考： 斟酒有哪些注意事项？

任务实训

1. 红葡萄酒服务。

请分组模拟客人和服务人员,从准备工作开始,规范地为客人展示商标,并练习用酒刀和开塞器熟练地开启酒瓶。先模拟给主人斟倒1/5酒液,请他品评酒质,再按照顺时针的顺序为每位客人斟倒1/2酒液,要求做到斟酒量均匀,不滴不洒、不少不溢。

2. 香槟酒服务。

进行实训练习,要求开瓶时不能发出过大声音,特别是开瓶时要征求客人意见,是否需要协助主人开瓶,接受祝福。要求斟酒时能分两次完成,避免杯中泡沫溢出。

任务五 上菜、分菜

任务目标

1. 能按照操作要领为客人提供中餐上菜和分菜服务。
2. 能根据分菜服务的操作要领为客人提供分鱼服务和分汤服务。
3. 能为客人提供西餐菜肴服务。
4. 能根据西餐美式服务的操作要领为客人提供菜肴服务。

相关知识

上菜、分菜服务是餐厅服务工作中一项重要的服务技能。由于菜的品种繁多,热菜、凉菜及盛载的盘子都不尽相同,服务人员应熟练掌握中餐和西餐上菜、分菜服务技能,才能真正为客人提供优质服务。

一、中餐菜肴服务

中餐厅的菜肴服务,要求服务人员动作迅速、准确到位并注重礼仪。

(一)上菜位置

服务人员应注意观察,以不打扰客人为原则,严禁从主人位和主宾位之间上菜。

(二)上菜时机

冷菜应尽快送上。冷菜吃到剩余 1/3～1/2 时上热菜。上菜要有节奏,一道一道依次上桌。小桌客人点的菜肴道数少,一般在 20 分钟左右上完;大桌的客人菜肴道数多,一般在 30 分钟左右上完,也可以根据客人的需求灵活掌握。

(三)上菜顺序

上菜顺序原则上根据地方习惯安排。如有些地区上菜顺序是先冷菜、后热菜;热菜先上海鲜、名贵菜肴,再上肉类、禽类、整形鱼、蔬菜、汤、面、饭、点心、甜菜,最后上水果。有些地区先上冷菜，再喝汤，后面才上其他热菜。

（四）上菜要领

1）仔细核对桌号、品名和分量，避免上错菜。

2）整理台面，留出空间，如果满桌，可以大盘换小盘、合并或帮助分派。

3）先上调味料，再用双手将菜肴端上。

4）报菜名，特色菜肴应做简单介绍。

5）大圆桌上菜时，应将刚上的菜肴用转盘转至主宾面前。

6）餐桌上严禁盘子叠盘子，应随时撤去空菜盘，保持台面美观。

7）派送菜肴应从主宾右侧送上，依次按顺时针方向绕台进行。

（五）分菜服务

如遇不方便客人取用的汤、炒饭、炒面和整形的鸡、鸭和鱼类等菜肴，应用分菜叉或分菜勺帮助客人分派和剔骨。

1. 分鱼服务

1）准备分鱼用具。分鱼前，先准备好餐碟、刀、叉、勺等分鱼用具。

2）展示整形鱼。双手端着鱼盘两边，先向客人展示要分的整形鱼，展示时，鱼头对着主人，鱼尾对着自己，展示后方可进行分鱼服务。

3）整鱼剔骨。在整鱼剔骨时，将鱼放在分菜台上，使鱼头朝左、鱼尾朝右，鱼腹朝向桌边进行拆分。左手握餐叉将鱼头固定，右手用餐刀从鱼颈开始从中间顺切至鱼尾，将切开的鱼肉分向两侧脱离鱼骨，然后将鱼骨取出放在骨碟里，注意不发出响声。做到鱼骨剔除后头尾相连、完整不断，鱼肉去骨后完整美观。

4）分鱼。将剔骨完的鱼均匀装在餐碟中，然后从主宾位开始，在客人右侧顺时针方向依次分派给客人。

案例情境

晚餐时间依旧是酒店一天中最忙碌的时候，小张被安排负责VIP包房的值台服务工作，她站在规定位置等待着客人的到来。推门而入的是一个可爱的小女孩，身后紧随着她的家人，一家人谈笑着，无不显露出家庭的和睦。客人纷纷入座，点菜。刚上第一盘冷菜时，小女孩的母亲就对小张说："小姐，麻烦你换一个位置上菜，你挡住我看电视了。"小张礼貌地对客人说："不好意思，我马上挪一个位置。"小张观察了一下整个席位，细心地选择了一个不会打扰客人的位置上菜，并通过自己的热情服务，让客人满意地用完晚餐。

案例思考： 小张的行为会给客人带来什么样的影响？

2. 分汤服务

1）准备分汤用具。准备汤碗、汤勺。

2）展示汤。将汤放在转台上，按顺时针方向旋转一圈向客人展示。

3）分汤。将汤均匀分到汤碗里（如有汤料的先将汤料均匀分到每个碗里），分配分量均匀，以八分满为宜，做到汤汁不滴、不洒。从主宾位开始，顺时针方向依次将分好的汤分派给客人。

二、西餐菜肴服务

（一）西餐菜肴服务要领

1. 服务头盘

服务人员按女士优先、先宾后主的原则，用右手从客人右侧呈上菜肴；撤盘时也从右侧进行。

2. 服务汤菜

服务人员按女士优先、先宾后主的原则，用右手从客人右侧呈上汤；汤碗、汤勺撤走也从右侧进行。

3. 服务副盘

从客人右侧上副盘，报菜名；若有酒类，先斟酒后上菜；调料从左侧上。用完后，将餐具连同装饰盘一起从客人右侧撤下。

4. 服务主菜

按女士优先、先宾后主的原则，先为客人斟倒酒水，再用右手从客人右侧依次呈上主菜；用完一道菜，将用过的餐具从客人右侧撤下后，再上另一道菜。

5. 服务甜品

服务甜品时，先撤下桌上除酒杯以外的餐具。从客人右侧按女士优先、先宾后主的原则为客人服务甜品。

6. 服务水果

从客人右侧按女士优先、先宾后主的原则为客人服务水果。

（二）西餐菜肴服务方式

西餐菜肴常见的服务方式有法式服务、俄式服务、美式服务、英式服务和自助式服务等（表2-1）。

表 2-1 西餐服务方式

服务方式	别名	定义	特点
法式服务	李兹服务	法式服务是一种周到的服务方式，由两名服务人员共同为一桌客人服务，其中一名为经验丰富的专业服务人员，另一名为服务人员助手，两人一组，各有职责，但必须相互帮助。法式服务上菜主要用手推车，服务人员在客人面前进行烹制演示或切割装盘。服务人员助手用右手从客人右侧送上每一道菜。黄油、面包、汁酱和配菜应从客人左侧送上。等一桌的客人都用完后，从客人右侧用右手撤盘	讲究礼节，注重在客人面前进行切割和燃焰表演，能吸引客人的注意力和烘托餐厅气氛，服务周到，每位客人都能得到充分的照顾。但服务节奏缓慢，需配备足够的人力，用餐费用较高，空间利用率和餐位周转率比较低
俄式服务		通常由一名服务人员为一桌客人服务。厨房出菜前，服务人员先用右手从客人右侧顺时针送上空盘：冷菜用冷盘子，热菜用加温过的餐盘；然后从厨房中将装好菜肴的大银盘托到客人餐桌旁，站立于客人左侧，用右手从客人左侧逆时针分菜。服务酒水和撤盘都在客人右侧操作	讲究优美文雅的风度，服务效率和空间利用率都较高，节省人力，且每位客人都能得到较周到的服务。大量使用银盘能增添餐桌的气氛。俄式服务主要用于西餐宴会服务
美式服务	盘子服务	食物在厨房由厨师按客人人数分别装盘，每人一份，服务人员直接端着送给客人。上菜时在客人右侧进行操作，用右手从客人右侧送上，撤盘时也从右侧进行	服务便捷，效率高，餐具成本低，用工少，空间利用率及餐位周转率都很高。由于各项成本费用降低，用餐费用也相对较低。除了因缺乏表演性而不能烘托气氛，美式服务是最理想的服务方式
英式服务	家庭式服务	服务人员先将加温后的空盘放在主人面前，再将装着整块食物的大盘从厨房中拿到餐桌旁并放在主人面前，由主人亲自动手切肉装盘并配上蔬菜。服务人员把装好的菜肴依次端送给每一位客人。调味品和配菜都摆放在餐桌上，由客人自取或相互传递	家庭味很浓，许多工作由客人自己动手，且节奏缓慢，不适合酒店西餐厅使用，因此在欧美各旅游酒店已不再使用
自助式服务		把事先准备好的食物陈列在食品台上，客人进入餐厅后支付一定的餐费，便可自己动手选择符合自己口味的菜点，然后拿到餐桌上用餐。自助式服务以客人自我服务为主，故又称为自助餐	客人不必等候，菜肴品种丰富，餐位周转率高，节省人力和开支。价格适中，效率高，但给客人的个别照顾较少。自助式服务多用于酒店咖啡厅早餐和午餐高峰时期

任务实训

1. 中餐上菜服务。

请分组模拟客人和服务人员，完成5位中餐厅客人的上菜服务。核对桌号、菜肴名称，核对分量与外观是否符合标准。实训重点是上菜位置、摆放菜肴、展示介绍菜肴等。

请分组模拟客人和服务人员，完成10位中餐厅客人的上菜服务。由于人数多，菜肴多，特别加强训练展示介绍菜肴和桌面菜肴的调整。

2. 分鱼服务。

请利用家庭聚餐和其他机会训练分鱼服务，将展示整条鱼、详细的分鱼服务步骤和分配鱼分量均匀的照片或视频拍摄下来，与大家分享，交流心得。

项目三　餐饮服务

项目目标

1. 注意饭菜保温，应等客人到齐后上菜，不能提前将饭菜上桌。

2. 若客人需要用餐标准外的酒水，应满足要求，但此项费用要向客人解释清楚。

3. 个别客人用餐时有特殊要求，如想吃面食或不吃猪肉等，应尽力满足。

4. 若客人所预订的是连续多餐，应根据客人不同情况提供不同菜单，要做到每餐有所不同，各有特色。

5. 客人用餐过程中要勤巡视、勤服务。注意给客人换骨碟，斟添酒水。注意随时整理餐台，及时撤去多余的餐具和空菜盘，保持餐桌的整洁。

任务一 点菜服务

任务目标

1. 掌握点菜服务的相关知识。
2. 熟练掌握点菜服务程序与标准。

相关知识

点菜服务是零点餐厅服务的中心环节，直接影响酒店效益，是餐厅营销工作的重要组成部分。在点菜服务中，为了提供优质服务、进行良好推销，服务人员应了解客人需求，熟悉菜单，并主动提供信息和帮助，为客人选择合适菜肴。较强的推销能力能体现服务人员良好的综合素质，而热情主动的点菜服务则为客人提供优质服务。

一、点菜前的准备工作

1）了解菜单上菜肴的制作方法、烹调时间、口味特点和装盘要求。
2）熟悉菜单上菜肴的单位，即一份菜的规格和分量等。
3）了解不同地区客人口味和饮食需求。
4）懂得上菜顺序、时机和佐料搭配。
5）高星级酒店要求服务人员能用外语向客人介绍菜肴。

二、点菜服务方法

在接受客人点菜时，服务人员要掌握方法并且具备灵活处理问题的能力。一般点菜服务方法有以下几种：

1）程序点菜法，是指按照冷盘、热菜、酒水、主食的程序进行。
2）推荐点菜法，是指主动向客人推荐酒店的招牌菜、特色菜、时令菜等。
3）推销点菜法，是指按客人的消费动机来推销。

4）心理点菜法，是指按客人的特性来推销。

三、为客人点菜的技巧

（一）根据客人的消费能力为客人点菜

1）普通消费者。这类客人点菜时更多地考虑经济实惠，服务人员可以向他们推荐一些家常菜。

2）工薪阶层消费者。这类客人虽然并不追求高消费，但有一定的消费能力，服务人员可以适当地向他们推荐一些档次较高的菜。

3）高档消费者。这类客人追求高消费、高享受，点菜时既考虑菜品的营养价值，也考虑菜品的观赏价值，服务人员可以向他们推荐一些比较名贵的菜肴。

（二）根据客人的不同类型为客人点菜

各类型客人点菜服务如表3-1所示。

表3-1 各类型客人点菜服务

客人类型	点菜服务
老年客人	可推荐比较松软、不含胆固醇、油脂较低的食品
赶时间、急于用餐的客人	可推荐制作方便、快捷的食品
北方客人	可推荐口味较重，偏于浓郁、咸味较重的食品
湖南、贵州、四川的客人	可推荐口味较重，带有辣味的食品
江浙沪一带的客人	可推荐口味清淡的食品，如甜食等
广东及港澳地区的客人	可推荐生、脆、鲜、甜的食品和口味清淡的食品

（三）根据就餐人数和菜品分量为客人点菜

1）餐饮服务人员在向客人推荐菜肴的时候要考虑客人的就餐人数，据此确定为其点菜的分量，但最终确定的菜品分量要尊重客人的意愿和实际情况。一般情况下，菜品分量如下：

1人：一汤（例），一菜（例盘），一主食（小份）；

2~3人：一汤（例），二菜（例盘），一主食（中份）；

4~5人：一汤（例），三至四菜（例盘），一主食（大份）；

6~9人：一汤（中例），六菜（例盘），一主食（大份），一点心；

10~12人：一汤（大例），八菜（中或大盘），一主食（大份），一点心。

2）通常每道菜的分量是既定的，但也有一些特殊的菜根据客人的需求而有不同的分量。

案例情境

晚上6时,某餐厅来了几位山东口音的男士,入座后只喝茶,并不点菜,当服务人员小王再次上前问"各位用点什么菜"时,只听见他们说:"腿都跑断了,饿过头都不知道吃什么。"而后,服务人员小王从他们随身携带的产品说明书和他们的打扮分析,他们可能都是从事推销工作的,便主动招呼说:"各位是从事推销工作的吧!这么热的天气,真是够辛苦的。这样吧,我先给各位上四个凉菜和几瓶啤酒,解解暑,开开胃,再上个宫保鸡丁、水煮肉片、麻婆豆腐、时蔬、一个榨菜肉丝汤,怎么样?"饭后几位客人高兴地对服务人员小王说:"感谢你热情的服务,这顿饭我们吃得很开心。"

案例思考: 服务人员小王的点菜服务怎么样?你得到什么启示?

四、点菜的注意事项

1)客人所点菜肴过多或重复时,应给予委婉提醒,征询客人是否需要换菜。

2)客人所点菜肴没有或已销售完时,要及时与厨房取得联系,尽量满足客人要求。

3)客人所点菜肴烹饪时间过长时,要主动向客人解释,并告知等待的时间,调整出菜的顺序。

4)如客人赶时间,应主动推荐一些快捷易做的菜肴。

点菜服务程序与标准如表3-2所示。

表3-2 点菜服务程序与标准

程序	标准
递送菜单	在迎宾服务中,迎宾员已递上菜单(详见迎宾服务)
问候客人	1)服务人员应上前微笑问候客人,如"中午好,先生。很高兴为您服务"等; 2)询问客人是否可以点菜,并主动介绍当天供应菜式
接受点菜	1)点菜时应站在客人左侧,身体略向前倾,认真倾听客人叙述; 2)得到主人首肯后,从女宾开始依次点菜,最后为主人点菜
介绍、推荐菜肴	首先应熟悉菜单,对宾客所点菜做到了如指掌: 1)注意观察客人的消费需求及心理,向客人推销餐厅的时令菜、特色菜、畅销菜、高档菜,介绍时应适当描述; 2)必要时对客人所点菜量及食物搭配提出合理化建议,注意荤素搭配。如有些菜烹饪时间较久,应向客人提前说明; 3)注意礼貌用语的使用,尽量使用建议性语言,不可强迫客人接受
记录内容	1)清楚准确记录客人所点的菜肴; 2)不可将点菜单放在餐桌上写

续表

程序	标准
复述确认	1）复述客人所点菜肴，并请客人确认； 2）询问酒水及饮料，记清客人所点酒水及饮料； 3）服务人员收回菜单，并向客人表示"请稍等"； 4）迅速下单，填写点菜单和酒水单。填写时，应内容齐全，字迹清楚，准确注明日期、台号、人数、分量、签名，菜肴与酒水、冷菜与热菜分开填写，及时将点菜单分送交厨房、收银处、传菜部

任务实训

为了更深入地了解餐饮服务，请以小组为单位完成以下实训任务：

1. 到酒店中餐厅、西餐厅等进行参观，了解点菜服务的步骤、注意事项。

2. 分角色扮演，小组模拟点菜服务。

任务二　菜品销售服务

任务目标

1. 能初步运用定价原则与方法给菜品定价。
2. 能利用菜单模拟为客人点菜。

相关知识

菜品的销售价格是菜单设计的重要环节。人们对菜品价格水平所形成的印象非常敏感，从而直接影响了餐饮消费心理和消费行为。菜品的价格是否适当合理，影响着目标客源市场的需求变化，影响着客人对餐厅及菜式品种的选择。

任何餐饮产品，其销售价格的制定都应以营利为目标，菜品销售价格构成应包含原料成本、费用、税金和利润。菜品销售的方法有以下几种：

一、第三方介绍法

给客人推销菜品时不要说"这是我们酒店最好的"——客人会觉得"你是自己说自己好"，而应说"这道菜是我们客人最近反映最好的"！

这样你就变成了第三方，更有可信性和说服力。

案例情境

某星级酒店装修后，希望新老客人重新认识酒店的餐饮，特别推出龙虾节促销活动。在重新开业的一周促销期间，澳洲龙虾100元一只，只限堂食，每桌限点一只，而菜单上其他菜肴以正常价格销售。通过宣传，宾客满堂，来宾都很开心地享用了味美价廉的"一虾三吃"。一周促销活动结束后，经营恢复了正常。

案例思考： 促销活动多久做一次比较合适？

二、形象解剖介绍法

用生动、形象的语言把菜品形象化、具体化，从而使客人产生想象。例如："我们这道龙虾菜是用黄金鼎上菜，伴随着干冰雾气，像腾云驾雾一般，很有气势，一道菜占半张桌，请客特别有面子。"

三、制造紧张空气法

服务人员可以这样说："这道菜原料特别难买，要专门派人到海边抢货才能买到。要不您先预定上，我问问厨房还有没有原料，没有的话您再换一道别的。"

四、亲近法

"刘总，这道菜还是您教我们做的呢！上次您告诉我们做法后，厨师们就按照您说的配方做了，这不今天就推上市了，您帮我们再检验一下，看看做得对不对……"

五、对比介绍法

客人："你们家这道菜怎么这么贵？别的地方卖68元，你们卖88元？"

服务人员："刘总，请您先试试看，吃起来肯定不一样，我们这里也有48元一份的，看起来一样，但是吃起来就知道原料差别很大。"——先顺着客人意思讲，然后转折阐述。

六、速度取胜法

服务人员："刘总，您刚才点的菜都是'大菜'，需要等待的时间有点长，不如再点个立马可以上桌的，先吃着，您看这道菜3分钟就能上桌……"

七、给客人选择题

客人看海鲜虾类菜时，不要问："你要不要来份虾？"而应说："您看是要份基围虾还是爬虾？"再次引导："我们这里爬虾的做法很独特。"

八、借人之口法

服务人员："客人都称赞这道菜我们家做得最好，您看是不是也来一份？"

九、顺其自然介绍法

服务人员一定要注意客人的眼睛，当客人注视到哪道菜时，服务人员一定要及时进行介绍。这样的推销，才使客人最容易顺其自然点菜。

十、特殊人群照顾法

点菜时一定不要忘记孩子、女士和老年人，推荐他们爱吃的菜，往往会使整桌菜品锦上添花。

任务实训

为了更深入地了解餐饮服务，请以小组为单位完成以下实训任务：

1. 到酒店中餐厅、西餐厅等进行参观，了解菜品销售服务的步骤、注意事项。
2. 分角色扮演，小组模拟菜品销售服务。

任务三 上菜服务

任务目标

1. 了解上菜的基本要求。
2. 熟悉摆菜的要求。
3. 掌握几种特殊菜肴的上菜方法。
4. 熟练掌握上菜服务程序与标准。

相关知识

上菜是指按照一定的上菜程序，站在合适的上菜位置，将菜点上至餐桌。上菜是餐饮服务人员必须掌握的基本技能之一，就餐宾客通过此服务可直接了解酒店的服务质量及档次，因此，服务人员应认真学习相关知识并练好这一基本功。

一、中餐上菜基本要求

1. 上菜位置

中餐宴会，一般以翻译与陪同座位的中间作为上菜口，以避免打扰主要宾客之间的谈话，以示对他们的尊重。实际操作中也可在副主人的左侧上菜。一般从客人的左侧上菜，以避免与客人拿筷子的右手碰撞。

2. 上菜时机

多数情况下，冷盘已在开席前上台摆好。当冷盘用去 2/3 时，应上热菜，尤其是大菜中的主打菜。等上一道菜动筷后，即可上下一道菜。

3. 上菜原则

先冷后热，先咸后甜，先菜后点，先炒后烧，先清淡后肥厚，先优质后一般。

4. 上菜顺序

中餐宴会上菜的顺序：第一道上冷菜，第二道上主打菜或名贵菜，第三道上热炒，其后上烧、烤、蒸类菜肴，再后上蔬菜、汤、主食，最后上甜点和水果。

二、中餐菜肴摆放的要求

摆菜，即将台面上的菜按一定的布局摆放好。中餐摆菜的基本要求：讲究造型艺术，注意礼貌，尊重主宾，方便食用。

1）菜肴对称摆放，讲究造型艺术。两个菜摆成"一"字形，三个菜摆成"品"字形，四个菜摆成"四周对称"，五个菜摆成"梅花"型，六个菜以上摆成"圆形"，菜与菜之间的距离保持大致相等，并且菜与客人的距离也应保持适当。

2）主打菜肴的最佳看面应对主人位，其他菜的正面朝向座上的宾客。整形带头的菜如烤乳猪等，其头部为看面；头部被隐藏的整形菜如烤鸭等，其身子为看面；造型菜则正面为看面；一般的菜，其刀工精细、色调好看的部分为看面。

3）符合我国礼仪习俗。上菜时应注意"鸡不献头，鸭不献尾，鱼不献脊"，即将鸡头、鸭头朝主宾的右手方位摆放，腹部朝向主宾；上整形鱼时，应将鱼腹朝向主宾，以示对主宾的尊重。

每上一道新菜，先摆放至主宾位置上，将上一道菜移向副主人一边。

三、特殊菜肴的上菜方法

（一）上拔丝类菜肴

拔丝类菜肴，如拔丝鱼条、拔丝苹果、拔丝山芋、拔丝荔枝肉、拔丝山药、拔丝香蕉等，要托热水上，即用汤碗盛装热水，将装有拔丝菜的盘子放在汤碗上用托盘端送上席，并跟凉开水数碗。托热水上拔丝菜，可防止糖汁凝固，保持拔丝菜的风味。

（二）上有佐料、小料的菜肴

如果有的热菜有佐料、小料等，应同热菜一起上齐。例如，清蒸鱼配有姜醋汁，北京烤鸭配有黄瓜、葱、酱、饼等，在上菜时可略作说明。

（三）上易变形的炸爆炒类菜肴

上易变形的油炸菜，如油炸爆肚、炸虾球等，一出锅须立即端上餐桌。具体方法是：上菜前，在落菜台上摆好菜盘，由厨师端着油锅到落菜台边将菜装盘，随即由服务人员端送上桌，提醒客人马上食用。此类菜只有上台快且轻稳，才能保持菜肴的形状和风味。

（四）上有声响的菜肴

有声响的菜肴，如锅巴海参、锅巴肉片、锅巴什锦，一出锅就要以最快的速度端上餐桌，随即将汤汁浇到上面，使之发出响声。做这一系列动作要连贯，不能耽搁，否则此菜将失去应有效果。

（五）上原盅炖品类菜肴

原盅炖品类，如冬瓜盅，上台后要当着客人的面启盖，以保持炖品的原味，并使香气在席上散发。揭盖时要翻转移开，以免汤水滴落在客人身上。这样做可以向客人表明炖品是原盅炖品。

（六）上泥包、纸包、荷叶包的菜肴

泥包、纸包、荷叶包的菜肴，如叫花鸡、纸包鸡、荷香鸡，要先上台让客人观赏，再拿到操作台上当着客人的面打破或启封，以保持菜肴的香味和特色。

（七）上火锅类菜肴

火锅由于自烹自食，又轻松随意，因而受到广大宾客的欢迎。它的上菜方式较特殊，具体方法是：①火锅上桌前先检查是否已添加燃料。上桌时，火锅下要放一个盛水的盘子，以防止烤焦台布，同时应注意安全，避免烫伤客人。②先将配菜摆上桌，后端上火锅，点火加热底汤。③待汤煮沸后，揭开盖子，将配菜按先荤后素的顺序逐一下锅，随即用筷子搅散，再盖上盖子。将每位客人的汤碗备好，放在火锅周围待用。④待食物煮熟后，服务人员按顺序将食物分派到汤碗内。

四、中餐上菜注意事项

1）上菜前应注意检查菜内有无飞虫、灰尘等，严禁用手翻动或用嘴吹走，而必须使用经过消毒、干净的餐具。

2）上菜前闻一闻菜有无异味，观察一下菜的色泽是否鲜艳。

3）上菜前应报菜名，第一道热菜应放在主人和主宾的前面，未吃完的菜肴移向副主人一边，后上的菜肴也可遵循同样的原则。

4）在上菜位若有小孩、老年人、残疾人，可适当换上菜位，以避免碰伤、烫伤事故的发生。

5）当客人入座后，因种种原因，与服务标准座次有出入时，服务人员应注意观察宾主关系，根据客人入座后的实际情况，灵活选择上菜位置。

6）如遇宾、主讲话或离席敬酒，此时不宜上菜，应等讲话或敬酒结束回位后再上菜。

案例情境

刘先生为庆祝职位晋升，特邀请自己敬重的领导及同事到某酒店吃饭。一会儿，新上岗的员工小张将"三杯鸡"端上桌。但是，令大家没想到的是，他快步将鸡摆放上桌，鸡尾正对着刘先生和他的老领导。客人面面相觑，小张却浑然不知。刘先生面露不悦地说："你是新来的吧，这样上菜好似不妥哟。"

案例思考： 小张错在哪里？应如何操作才规范？为什么要这样做？

中餐上菜服务程序规范与标准如表3-3所示。

表3-3 中餐上菜服务程序与标准

项目	程序	标准
上菜前准备工作	1）核对菜品、菜量、客人特殊要求与菜单是否相符； 2）配备相应的服务用具； 3）先上冷菜，再上热菜，后上汤，最后上甜品	认真核对，准确无误
上冷菜	1）在客人到达餐厅后，及时通知传菜员将冷菜传来； 2）站立于副主人右后侧，左手托盘，右手将菜盘轻放于转盘或桌面，按顺时针方向轻轻转动转盘； 3）先上调料，后上冷菜	1）冷菜盘均匀分布于转盘上，距转盘边缘2 cm； 2）荤盘、素盘及颜色合理搭配
上热菜	1）在上前四道菜时，要将菜盘均等放于转盘上； 2）若上手抓排骨类菜肴，应提供一次性手套；上刺身菜品，应将芥末挤出1.5 cm放于调味碟内，倒入适量酱油或醋；上海鲜时，应提供洗手盅；上高档原料菜品，要听取客人意见并及时反馈； 3）若分餐，应右脚在前，站于副主人右后侧，将菜品放于转盘上，转于主宾处，伸手示意，报菜名，介绍完毕，拿到备餐台，为客人分餐； 4）根据客人用餐情况及时与厨房协调，合理控制上菜速度； 5）菜上齐时，告诉客人"菜已上齐"，如发现菜肴不够或客人特别喜欢的菜，征得客人同意予以加菜	1）报菜名时，要讲普通话，声音适中，菜品观赏面朝向主宾，保证菜品温度，上菜不出现摞盘现象； 2）上菜动作迅速，保持菜型美观； 3）每道菜肴吃了3/4时，可为客人更换小菜盘； 4）对于特色菜，主动介绍菜品知识和营养价值
上特殊热菜（螃蟹、炖盅）	1）站立于副主人右后侧，调整桌面，然后双手将菜盘放于转盘或桌面上，菜品观赏面转向主人与主宾之间的位置，后退半步报菜名，并伸手示意"请用"； 2）上螃蟹时，同时配备调料、蟹钳和洗手盅，并介绍洗手盅的用途； 3）上炖盅时，从主宾开始，将炖盅放于客人的右侧，揭开盖子，放入汤匙，并报菜名	1）服务用具和调料配备齐全，注意客人动作，避免汤汁洒到客人身上； 2）报菜名时口齿清晰、音量适中、用语准确
上汤	1）站立于副主人右后侧，调整桌面，然后双手将汤放于转盘上，后退半步报菜名，伸手示意征询客人："先生/小姐，是否需要分汤？" 2）若需要，将汤放于旁桌上，分好后将汤碗放到托盘上，站于每位客人的右侧，再将汤碗放到桌面上，伸手示意"请用"	盛汤均匀，不洒、不外溅，盛汤不宜太满
上主食	1）上最后一道菜时，告知客人菜已上齐。若客人已点主食，征询客人："先生/小姐，现在是否可以上主食？" 2）若客人未点主食，征询客人："先生/小姐，请问用点什么主食？"下单后，根据客人的要求，尽快将主食上到餐桌上	认真核对主食是否与菜单上相符；适时进行二次推销，保证主食适宜的温度

续表

项目	程序	标准
上水果	1）在主食上齐之后，征询客人："先生/小姐，现在是否可以上水果？" 2）在征得客人同意后，先整理桌面，更换骨碟，然后将果盘放于离转盘边缘 2cm 处，转到主人和主宾之间，或放于餐桌中间	保持果盘完整、美观
上菜特殊情况处理	1）若吃出异物或菜品未按标准制作，先向客人道歉，根据客人要求，做退菜处理，或立即撤下菜肴，通知厨房重做。 2）换菜。当客人对菜肴口味提出异议时，先向客人道歉，并征询客人："先生/小姐，此菜是否要换？"征得客人同意后，立即撤下，并通知厨房重做。 3）缺菜。应向客人道歉，并委婉说明情况，同时向客人推荐类似菜肴。 4）上错菜。若客人未用，需征询客人意见是否需要，如不用，向客人表示歉意，撤下菜肴；如客人已动筷，向客人说明情况，致歉，并征求客人是否可作加单处理	语气委婉，态度诚恳，耐心向客人解释，不与客人争吵

任务实训

为了更深入地了解餐饮服务，请以小组为单位完成以下实训任务：

1. 到酒店中餐厅、西餐厅等进行参观，了解上菜服务的步骤、注意事项。
2. 分角色扮演，小组模拟上菜服务。

任务四 分菜服务

任务目标

1. 了解分菜前的准备工作。
2. 了解分菜工具及使用方法。
3. 熟悉分菜的服务顺序及方法。
4. 熟练掌握典型中式菜肴分菜服务程序与标准。

相关知识

分菜又称让菜或派菜,即在客人观赏后由服务人员主动均匀地分让菜肴。中餐分菜也是餐厅服务中的又一重要服务技能。由于分菜服务也是当着客人的面进行,分菜技能的高低直接影响客人对酒店服务质量的评价,因此,服务人员应认真学习相关知识并练好这一基本功。

一、中餐分菜前的准备工作

1)整理干净工作台。
2)备好用具并保证用具符合卫生要求:①根据菜肴的性质备足餐刀、餐叉、餐勺或长把勺、公筷、餐碟;②备足分菜所用的餐碟及清洁用的布巾。

二、中餐分菜工具的使用

中餐分菜的工具有分菜叉(服务叉)、分菜勺(服务勺)、分餐刀、长把勺、公用筷等。分整形菜时,可用分餐刀、分菜叉、分菜勺;分炒菜时使用分菜勺、分菜叉;分汤时使用长把勺、公筷。

服务叉、服务勺的使用方法:服务人员右手握住叉和勺的后部,勺心向上,叉的底部向勺心;夹菜肴和点心时,主要依靠手指来控制;右手食指插在叉和勺把之间与拇指配合捏住叉把；其中三指控制勺把，无名指和小指起稳定作用，中指支撑勺把中部。分带汁的菜肴时，由位置在下的服务勺接住汤汁。

长把勺、公用筷的使用方法：服务人员站在与主人位成 90° 位置（即翻译与陪同之间的位置），右手握公筷，左手持长把勺相互配合将菜肴分让到客人的餐碟中。

三、中餐分菜的顺序及方法

（一）分菜顺序

分菜的顺序有两种：一是先主宾后副主宾、主人，其后依次按顺时针方向分让；二是先主宾后主人，然后按顺时针方向依次分派。可根据席面的情况灵活掌握。

（二）分菜的方法

1. 桌上分让式

桌上分让式，即在餐桌上当着客人的面进行分菜。使用此方法分菜前应先展示菜肴后进行分让。具体方法是：服务人员将菜盘底部垫上干净的餐巾，左手托起菜盘，右手持分菜叉勺，站在客人左侧，左脚伸入两座椅之间，叉在上方、勺在下方，叉勺均面向上，用右手食指和拇指夹住叉柄，其余三指夹住勺柄，身体前倾，呼吸均匀，用叉勺将菜肴夹起，派入客人的餐碟中。分让时注意勿将汤汁洒在客人身上。

2. 二人合作式

二人合作式也须当着客人的面分菜。使用此方法分菜前同样应先展示菜肴后进行分让。具体方法是：一名服务人员站在翻译和陪同之间，右手持公筷，左手持长把勺，另一位服务人员将每位客人的餐碟移到分菜服务人员近处，由分菜服务人员分派，然后由另一位服务人员将分派好的菜肴从客人左侧依次为客人送上。

3. 旁桌分让式

旁桌分让式，即分菜服务在工作台完成。具体方法是：由服务人员将菜端上桌介绍菜式，供客人观赏后端回工作台，在工作台上将菜肴分到餐碟内，然后将分好的菜肴放至托盘内，按先宾后主的顺序从客人左侧依次送上。

4. 备餐室（各客式）分让式

备餐室（各客式）分让式，即分菜工作在备餐室完成。此方法适用于造型菜肴和高档宴会菜肴的分让。具体方法是：厨房根据客人人数将菜肴分成一人一份并盛放于餐碟，再放至托盘内，由服务人员直接从客人左侧递送上桌。

四、分菜的注意事项

1）分菜要掌握好分量，做到分菜均匀，质量相同，菜量相等。

2）分菜时不可隔人分让，更不可反手分让。

3）分菜时动作要轻、快、准，不可将一勺一筷的菜同时分给两位客人，更不可从客人的盘中往外拨菜。

4）讲究卫生：双手保持清洁；盛具要洁净，不可将汤汁弄脏盘边；操作手法卫生。

5）分每一道带汤汁的菜肴时都应配分餐勺，以防汤汁滴落台布。

6）分菜时要注意将优质部位分给重要客人。

7）分高档菜肴时，应一次性分完；分一般菜肴时应留有1/10，以备客人再次添用。

8）分菜的过程必须以不影响客人用餐为原则。

9）若分菜时不慎将菜洒落在台面上，切忌用手拾起，可先用干净的布巾包起，再清洁台面。

案例情境

> 某星级酒店的一间包房内，笑声不绝于耳，只见服务人员小王从传菜员手中接过一盘刚送来的清蒸鱼，便立刻在工作台上分鱼，想趁热给桌上兴致很高的客人上菜。当他把分好的鱼端上桌时，主人愣了一下，责备小王不该这么快把鱼分了，并扬言要小王为此份碎鱼买单。面对此景，小王很困惑。
>
> **案例思考：** 小王的服务有何不妥之处？如何做才正确？

典型中式菜肴分菜服务程序与标准如表3-4所示。

表3-4 典型中式菜肴分菜服务程序与标准

项目	程序	标准
分整形鱼	整鱼展示	1）将菜品摆放在转盘上； 2）放稳妥后，一边转动转盘，一边报菜名
	剔出鱼骨	1）征得主人同意后，将菜端至工作台； 2）左手用分餐叉按住鱼头，右手持餐刀先在鱼颈和鱼尾处各切一刀； 3）顺着鱼脊从头向尾划开； 4）将上层鱼肉剥开后放在另一干净的餐碟内，剔去中间的鱼骨和鱼刺
	整理成形	1）将整形鱼恢复原样，不要将鱼肉碰碎； 2）浇上汤汁，并配上随菜的配料
	分让到位	1）将鱼肉分切成均匀的等份后盛放于餐碟内，须做到每个餐盘中的菜品盛放得美观、均匀； 2）从客人左侧送上并告知客人"请品尝"
分北京烤鸭	摆碟	将配菜碟摆放于烤鸭的周围
	分让	1）逐一将葱丝、甜面酱、黄瓜段、鸭肉放于饼上，卷上面饼； 2）转动转台，逐一将卷好的面饼递送给每位客人

续表

项目	程序	标准
分汤	展示菜肴	1）将菜肴摆放在转盘上； 2）放稳妥后，一边转动转盘一边报菜名
	摆碗	1）按人数配好相应数量的汤碗； 2）汤碗均匀摆放于主菜的左右两边并配好汤勺
	分让	1）将汤均匀地盛入碗内，并均匀地配上汤中固体物； 2）转动转台，将汤逐一递送给每位客人

任务实训

为了更深入地了解餐饮服务，请以小组为单位完成以下实训任务：

1. 到酒店中餐厅、西餐厅等进行参观，了解分菜服务的步骤、注意事项。
2. 分角色扮演，小组模拟分菜服务。

任务五 酒水服务

任务目标

1. 了解酒水的服务知识。
2. 熟悉酒水服务要领。
3. 熟练掌握托盘斟酒的操作流程及规范。
4. 熟练掌握徒手斟酒的操作流程及规范。
5. 熟练掌握常用酒水服务程序与标准。

相关知识

斟酒是餐厅服务工作中一项基本的服务技能。斟酒动作的规范、熟练、优美、快速，会使用餐客人得到精神上的享受与满足，还可强化热烈友好的用餐氛围，同时还可以提高餐厅的美誉度，因此服务人员应认真学习各种酒水的服务知识和酒水服务技能。

一、酒水服务知识

（一）特殊酒水的服务

最佳奉客温度，即酒水的最佳饮用温度。某些酒水的最佳奉客温度低于室温。啤酒的最佳奉客温度为4℃～8℃，白葡萄酒的最佳奉客温度为8℃～12℃，葡萄汽酒的最佳奉客温度为4℃～8℃，因此，饮用该类酒水之前应冰镇。另有一些酒水最佳奉客温度高于室温，如黄酒和日本清酒，因此饮用该类酒水之前应温酒。

1. 冰镇的方法

冰镇的方法有冰箱冰镇法、冰桶冰镇法和溜杯法。冰箱冰镇法，即将整瓶酒或软饮料放入冰箱冷藏室内降温半小时左右；冰桶冰镇法，即先准备好冰桶，在冰桶中放入1/3容量的冰块再加入水使冰水共容物占冰桶的1/2，然后将酒瓶斜插入冰桶中，白葡萄酒冰镇10～15分钟，葡萄汽酒冰镇20分钟；溜杯法，即先在酒杯中放一块冰，手持酒杯下半部转动杯子，使冰块在杯内壁上溜滑。

2. 温酒的方法

温酒的方法有水烫法、烧煮法和冲泡法。水烫法，即将酒倒入温酒壶，放入热水中，以水为媒介进行加热；烧煮法，即将酒液倒入耐热器具，直接放于火上加热；冲泡法，即将热饮冲入酒液或将酒液倒入热饮。

3. 滗酒的方法

储存时间较长的红葡萄酒，有一点沉淀物，属于正常现象。先将酒瓶竖放，待沉淀物沉积于瓶底后，再将瓶子稍做倾斜并对着光，慢慢地将酒滗入滗酒器内。

（二）斟酒量的控制

中餐大部分酒水斟倒量以八分满为宜，以示对客人的尊重。西餐斟酒不宜太满，红葡萄酒斟杯的 1/2；白葡萄酒斟杯的 2/3；白兰地酒斟杯的 1/5（即将白兰地酒杯横放时，杯中的酒液与瓶口齐平）。

（三）斟酒的顺序

一般从主宾位开始，按顺时针方向逐步进行。斟酒后，酒瓶放于工作台上，服务人员应站在餐桌附近，注意酒水情况，及时斟酒，主宾在先、主人在后，女士、老年人、小孩优先。

二、斟酒服务程序及要领

1. 检查

把瓶口擦干净，并备好与酒水相配的酒杯；检查酒水及酒具的质量，发现酒水有变质现象则应更换，酒具有破裂也应更换。

2. 示瓶

服务人员立于客人右侧，酒的商标朝向客人（用左手托瓶底，右手扶住瓶颈），如图 3-1 所示，让客人确定所点的酒。确认后方可开启。如是高档年份酒，需询问客人是否要品酒，需要则斟倒 30 mL 给主人品尝，确认后方可开始斟倒酒水。

图 3-1 示瓶

3. 开瓶

开瓶，即开启瓶盖和瓶塞的方法。开启中，避免酒从瓶口喷出，溅到客人身上。开瓶声音要小，瓶盖不要乱放，要收起。

4. 斟酒服务

服务人员立于客人右侧位，右手持酒瓶的下半部，酒的商标朝向客人；瓶口距杯口 1～2 cm，不可搭杯斟倒；身体微前倾，离客人约 15 cm，右脚在前，左脚在后，双脚呈 T 字形步而立，将酒水斟入杯中；结束前，用手腕将酒瓶口按顺时针旋转 45°（使最后一滴酒水均匀分布于瓶口边沿，以免滴落在客人身上或台布上），再微向上抬瓶口，顺势用左手的布巾将酒瓶口擦拭干净；瓶中酒水不滴不洒，不冲不溢，如图 3-2 所示。

图 3-2 斟酒服务

案例情境

> 实习生小王正在包房为客人斟倒酒水，因客人需要的酒水饮料较多，小王顿显手忙脚乱，此时，一名小孩提出要饮香槟酒，小王便拿出酒钻为其开酒，因泡沫丰富，酒水立刻溢了一大片，慌乱之中，又碰翻了酒杯，酒杯也出现了裂纹，小王立即表示了歉意，孩子的母亲显得不太高兴……
>
> **案例思考：** 从上述案例中，谈谈小王的不足之处。应从哪些方面加强酒水服务的基本功训练？

酒水服务程序与标准如表 3-5～表 3-11 所示。

表 3-5 托盘斟酒服务程序与标准

程序	标准
准备	1）盘内垫上干净盘布并铺平拉直或直接使用对应尺码的托盘盘垫，保持盘垫整洁、无破损、外露部分均等； 2）重瓶、高瓶在内挡（近身体一侧）；轻瓶、矮瓶在外挡，使装盘酒饮间隔合理，分布均匀
托盘	托盘置于手掌上，平稳托于胸前左侧，姿势优美
行走	行走自如，不持瓶行走
姿势	1）立于客人右后侧，身体离客人约 1 cm； 2）右脚伸入两椅之间，与左脚呈 T 字形步； 3）从托盘取酒时，手握瓶身下半部，酒的商标朝向客人
顺序	1）从主宾开始，然后顺时针绕台斟酒； 2）不能站于一处为左右两位客人斟酒
要领	1）斟酒量合适； 2）酒水与酒杯相符合； 3）瓶口离杯口 1~2 cm，不滴不洒，不冲不溢
礼节礼貌	每斟完一位，要礼貌地说"请"

表 3-6 徒手斟酒服务程序与标准

程序	标准
姿势	1）立于客人右后侧，身体离客人约 15 cm； 2）右脚伸入两椅之间，与左脚呈 T 字形步； 3）左手持布巾背在身后、右手持酒瓶下半部，酒标朝客； 4）结束前，将酒瓶口顺时针旋转 45° 后微向上抬，顺势用左手的布巾将酒瓶口擦拭干净
顺序	1）从主宾开始，然后顺时针绕台斟酒； 2）不能站于一处为左右两位客人斟酒
要领	1）斟酒量合适； 2）酒水与酒杯相符合； 3）瓶口离杯口 1~2 cm，不滴不洒，不冲不溢
礼节礼貌	每斟完一位，要礼貌地说"请"

表 3-7　白葡萄酒服务程序与标准

程序	标准
准备工作	1）客人订完酒后，立即到吧台取酒，最好在 5 分钟内； 2）须在冰桶中放入 1/3 冰块，再放入 1/2 冰桶的水后，将冰桶放在冰桶架上，并配有一条叠成 8 cm 宽的条状餐布； 3）将白葡萄酒放入冰桶中，商标须向上
展示商标	1）将准备好的冰桶架、冰桶、白葡萄酒、口布一次性拿到主人位的右侧； 2）左手持口布，右手持葡萄酒，将酒瓶底部放在条状口布的中间部位，再将条状口布两端拉起至酒瓶商标以上部位，并使商标全部露出； 3）右手持用口布包好的酒，左手四个指尖轻托住酒瓶底部，送至主人面前，请主人看酒的商标，并询问主人："打扰了，先生/女士。现在可以为您提供酒水服务吗？"
开启酒瓶	1）得到客人允许后，将白葡萄酒放回冰桶中，左手扶住酒瓶，右手用开酒刀割开铅封，并用一块洁净的口布将瓶口擦干净； 2）将酒钻垂直钻入木塞，注意不准旋转酒瓶，待酒钻完全钻入木塞后，轻轻拔出木塞，木塞出瓶时不应有声音
酒水服务	1）服务人员须右手持条状口布包好酒，商标朝向客人，从主人右侧倒入主人杯中 1/5 的白葡萄酒，请主人品酒； 2）主人认可后，按照先宾后主、女士优先的原则依次为客人倒酒，倒酒时须站在客人的右侧，将白葡萄酒倒至杯中 2/3 处即可； 3）每倒完一杯酒须将酒瓶按顺时针方向轻轻转一下，避免瓶口的酒滴落在台面上；倒酒时，酒瓶商标须面向客人，瓶口不准接触杯口，以免有碍卫生及发出声响； 4）倒完酒后，将白葡萄酒放回冰桶内，商标须向上
酒水添加	1）随时为客人添加白葡萄酒； 2）当整瓶酒即将倒完时，须询问主人是否再加一瓶，如主人不再需要加酒，即观察客人，待客人喝完后，立即将空杯撤掉； 3）如主人同意再添加一瓶，服务程序与标准同上

表 3-8　红葡萄酒服务程序与标准

程序	标准
准备工作	1）客人订完酒后，立即到吧台取酒，最好在 5 分钟内； 2）准备好红酒篮，将一块洁净的口布铺在酒篮中； 3）将红葡萄酒放在酒篮中，商标须向上
展示商标	1）服务人员须右手拿起装有红葡萄酒的酒篮，走到主人位的右侧，向客人展示红葡萄酒； 2）服务人员须右手拿酒篮上端，左手轻轻托住酒篮的底部，呈 45° 倾斜，商标向上，请主人看清酒的商标，并询问客人："打扰了，先生/女士。现在可以为您提供酒水服务吗？"

续表

程序	标准
开启酒瓶	1）得到主人的允许后，将红葡萄酒立于酒篮中，左手扶住酒瓶，右手用开酒刀割开铅封，并用一块洁净的口布将瓶口擦净； 2）将酒钻垂直钻入木塞，注意不准旋转酒瓶，待酒钻完全钻入木塞后，轻轻拔出木塞，木塞出瓶时不应有声音
酒水服务	1）服务人员将打开的红葡萄酒放回酒篮，商标须向上，同时用右手拿起酒篮，从主人右侧倒入主人红葡萄酒杯 1/5 的红葡萄酒，请主人品酒； 2）主人认可后，开始按先宾后主、女士优先的原则，依次为客人倒酒，倒酒时须站在客人的右侧，倒入客人杯中的 1/2 处即可； 3）每倒完一杯酒须轻轻转一下酒篮，避免酒滴在桌布上；倒酒时，酒瓶商标须面向客人，瓶口不准接触杯口，以免有碍卫生及发出声响； 4）倒完酒后，把酒篮放在主人餐具的右侧，注意不准将瓶口对着客人
酒水添加	1）随时为客人添加红葡萄酒； 2）当整瓶酒即将倒完时，须询问主人是否再加一瓶，如果主人不再加酒，即观察客人，待客人喝完酒后，立即撤掉空杯； 3）如主人同意再添加一瓶，服务程序与标准同上

表 3-9　白酒服务程序与标准

程序	标准
准备工作	1）客人订完白酒后，立即到吧台取酒，最好在 5 分钟内； 2）准备一块叠成 12 cm 见方的洁净口布； 3）在客人的饮料杯右侧摆放白酒杯，间距 1 cm，酒杯须洁净、无缺口、无破损
展示商标	左手掌心放叠成 12 cm 见方的口布，将白酒瓶底放在口布上，右手扶住酒瓶上端，并呈 45° 倾斜，商标须向上，为主人展示所点的白酒
酒水服务	1）征得客人同意后，在客人面前打开白酒； 2）服务时，左手持方形口布，右手持白酒，按照先宾后主、女士优先的原则从客人右侧依次为客人倒酒；倒酒时，酒瓶商标须面向客人，瓶口不准接触杯口，以免有碍卫生及发出声响； 3）白酒倒入客人酒杯的 2/3 处即可； 4）倒完一杯酒时，须轻轻转动瓶口，避免滴洒在台布上，再用左手中的口布擦一下瓶口
酒水添加	1）随时为客人加酒； 2）当整瓶酒将倒完时，须询问主人是否再加一瓶，如果主人不再加酒，及时将空酒杯撤掉； 3）如主人同意再加一瓶，服务程序与标准同上

表 3-10 啤酒服务程序与标准

程序	标准
推销及建议	1）须熟练掌握各种啤酒知识，在客人订啤酒时，介绍本餐厅提供的中外啤酒及其特点； 2）客人订完啤酒后，立即到吧台取酒，最好在 5 分钟内
酒水展示	左手掌心放置叠成 12 cm 见方的口布，将啤酒瓶底放在口布上，右手扶住酒瓶上端，并呈 45° 倾斜，酒瓶上的商标须朝向主人，为主人展示所点的啤酒
酒水服务	1）用托盘拿回啤酒，并依据先宾后主、女士优先的原则，为客人提供啤酒服务； 2）提供啤酒服务时，服务人员须站在客人右侧，左手托托盘，右手拿起客人所订的啤酒，从客人的右侧将啤酒轻轻倒入饮料杯中，须使啤酒杯沿杯壁慢慢流入杯中，以减少酒沫，不准将啤酒溢出杯外； 3）倒酒时，酒瓶商标须面对客人，瓶口不准接触杯口，以免有碍卫生及发出声响； 4）如瓶中啤酒未倒完，须把酒瓶商标面向客人，摆放在饮料杯右侧，间距 2 cm
酒水添加	1）随时为客人添加啤酒； 2）当客人杯中啤酒仅剩 1/3 时，服务人员须主动询问客人是否再需要添加一瓶啤酒，如客人不再加酒，须及时将倒空的酒瓶撤下台面； 3）如主人同意再加一瓶，服务程序与标准同上

表 3-11 饮料服务程序与标准

程序	标准
取饮料	1）客人订完饮料后，服务人员去吧台取饮料； 2）在托盘中摆放饮料：根据客人的座次顺序摆放，第一客人的饮料须放在托盘的远离身体侧，重的饮料放在托盘的里侧； 3）取饮料的时间不得超过 5 分钟
饮料的展示	服务人员将酒水车推至客人的右侧，用右手从酒水车中取出饮料，然后在左手掌心放置叠成 12 cm 见方的口布，将客人所点的饮料瓶底放在口布上，右手扶住饮料上端，并呈 45° 倾斜，饮料的商标须朝向主人，为主人展示所点的饮料
饮料服务	1）饮料取回后，左手托托盘，右手从托盘中取出饮料，按先宾后主、女士优先的原则，依次从客人右侧将饮料斟入客人餐具前的饮料杯中 2/3 处； 2）斟倒饮料速度不宜过快，瓶口不准对着客人，避免含气体的软饮料溢出或溢出的泡沫溅到客人身上，同时饮料的商标须面向客人；对同一桌的客人须在同一时间段内按顺序提供饮料服务； 3）服务人员须将所剩饮料瓶和饮料罐放在客人饮料杯的右侧，同时四指并拢、手心向上用手示意并请客人慢慢品尝
添加饮料	随时观察客人的饮料杯，当发现客人杯中饮料仅剩 1/3 时，须立即询问主人是否添加，如主人同意添加，根据饮料单为客人添加饮料，如客人不再添加饮料，等客人喝完饮料后，须从客人的右侧撤走空饮料杯

任务实训

为了更深入地了解餐饮服务,请以小组为单位完成以下实训任务:

1. 到酒店中餐厅、西餐厅等进行参观,了解酒水服务的步骤、注意事项。
2. 分角色扮演,小组模拟酒水服务。

任务六 餐中服务

任务目标

1. 掌握席间服务相关知识。
2. 熟练掌握撤换餐用具的基本技能。

相关知识

席间服务几乎贯穿餐厅服务的全过程，与客人面对面接触，相关服务与技能特别多，要注意操作细节，并与客人进行良好沟通。做好席间服务，体现着服务人员过硬的基本功与良好素质。

席间服务时，要勤巡视，勤斟酒，并细心观察客人表情及需求，主动提供服务。需注意以下几点：

1）保持转盘清洁。

2）客人席间离去，应主动帮助拉座椅、整理餐巾，待客人回到座位时重新拉座椅，铺递餐巾。

3）客人席间站起祝酒时，服务人员应立即上前将座椅向外拉出，坐下时向内推进，以方便客人站立和坐下。

席间服务程序与标准如表 3-12 所示。

表 3-12 席间服务程序与标准

程序	标准
撤换餐用具	1）撤换餐盘时，待客人将盘中食物吃完方可进行，如客人放下筷子而菜未吃完时，应征得客人同意后才能撤换； 2）使用托盘撤换时，应左手托盘，侧身站在客人右后方，将客人用过的骨碟平移至客人身后的托盘中； 3）徒手撤盘时，站在客人右侧，用右手撤下，将其放入左手，左手要移到客人身后； 4）如果餐桌上有剩余食物，一定要用叉、匙或其他工具拿取，不可用手直接抓取； 5）按先宾后主的顺序依次撤换

续表

程序	标准
随时斟倒酒水	随时为客人添加酒水、饮料，随时撤去空盘和空酒瓶
适时催菜	1）点菜后 30 分钟，应检查客人的菜点是否上齐，若未上齐，应及时查询； 2）发现错漏现象，应立即向生产部门反映，请厨房立即补烹
冷热毛巾服务	客人用餐过程中可随时提供毛巾服务，客人用完餐后，再次提供小毛巾服务
整理台面	客人用餐期间，服务人员应勤巡视，及时清理餐台杂物，保持桌面干净、整洁

案例情境

　　李先生请王小姐在某海鲜餐厅吃海鲜，需要剔除的外皮很多，所以吃了两个螃蟹后骨碟就装满了，环顾四周，却不见服务人员的踪影。这时李先生还一直劝王小姐多吃些。无奈，王小姐只好将手边的汤碗当作骨碟用。

　　案例思考：骨碟更换应在什么时候？

任务实训

　　为了更深入地了解餐饮服务，请以小组为单位完成以下实训任务：

1. 到酒店中餐厅、西餐厅等进行参观，了解餐中服务的步骤、注意事项。
2. 分角色扮演，小组模拟餐中服务。

任务七 结账收银服务

任务目标

1. 掌握基本的结账收银知识。
2. 熟练掌握结账收银服务技能。

相关知识

结账收银服务是餐厅对客服务的重要环节，结账服务的准确、快速直接影响酒店服务质量和效益，服务人员应熟悉餐厅结账方式和程序。

当客人的菜上齐后，即可做结账准备，清点所消费的酒水、加菜等，到收银处核对账单。当客人要求结账时，请客人稍候，立即去收银处取回账单，收银员经核对，确认订单、台号、人数、所点品种和数量与账单相符后，将账单放入收银夹或收银盘内，并确保账单夹打开时，账单正面朝向客人。准备好结账用笔。

餐厅客人付款方式除现金以外，还有使用支票、信用卡、签署账单等方式。因此，服务人员应了解掌握各种收款方法。

结账收银服务程序与标准如表3-13所示。

表3-13 结账收银服务程序与标准

程序	标准
结账准备	1）给客人上完菜后，即可做结账准备，到收银台核对账单； 2）当客人要求结账时，请客人稍等，立即去收银台取账单； 3）将账单放入账单夹内，并确保账单夹打开，账单正面朝向客人。 特别提示：如果是团队餐，注意总账单与分账单分开
递送账单	走到客人右侧，打开账单夹，右手持账单夹上端，递至客人面前，请客人查看账单，并对客人说："先生/女士，这是您的账单，请过目。"

续表

程序		标准
结账	现金结账	1）客人交付现金时，服务人员应礼貌地在餐桌前当面点清； 2）请客人稍等，将现金及账单送给收银员； 3）注意核对收银员找回的零钱及账单上联是否正确； 4）站在客人右侧，将账单上联及找回的余额用账单夹送给客人，注意唱收唱付。 **特别提示**：服务人员应待客人查点并收妥后，并向客人礼貌致谢后方可离开
	支票结账	1）客人用支票结账时，应礼貌地请客人出示身份证，然后将账单及支票、证件同时交给收银员； 2）收银员结账完毕后，应记录客人证件号码及联系电话； 3）服务人员将账单第一联及支票存根、有关证件、发票送还给客人，并真诚地感谢客人。 **特别提示**：如果客人使用旅行支票结账，应礼貌地告诉客人到外币兑换处兑换成现金后再结账
	信用卡结账	1）客人使用信用卡结账时，首先确认是否是本酒店允许使用的信用卡，然后请客人稍候，并将信用卡和账单送到收银处； 2）收银员做好信用卡收据，服务人员检查无误后，将收据、账单及信用卡夹在账单夹内，拿回餐厅； 3）将账单、收据送给客人，请客人在账单和信用卡收据上签字，并检查签字是否与信用卡上一致； 4）将账单第一联、信用卡收据中客人存根页及信用卡递还给客人，并向客人礼貌致谢，第二联及信用卡收据另外三页送回收银处
	签单结账	1）如果是住店客人，可能会用签单形式付账。当客人要求签单时，应礼貌请客人出示房卡，并请客人在账单上填写房间号及本人签名。 2）真诚地感谢客人，然后将账单和房卡送交收银处核对。核对无误后，一联留下入账，另一联交总服务台，以便客人离店时一次性结账

案例情境

小王是某酒店新来的服务人员，一天中午，餐厅的两位客人刚准备用餐，其中一位客人突然接到电话，匆忙起身对小王说："你好，我们是101房间的客人，我们突然有件急事要出去办，等一会回来再继续用餐可以吗？"小王第一次遇到这样的情况，菜都已经上齐了，万一客人不回来或事后不承认，这桌饭菜酒水钱怎么办啊？

小王一时不知怎么处理，这时餐厅领班匆忙走过来，了解情况后，微笑对客人说："这位服务人员是新来的，不了解餐厅规定。麻烦您先出示下房卡，再签一下账单，好吗？"客人接受了领班的建议，出示了房卡并签了账单。领班对客人说："先生对不起，耽误您宝贵的时间了，饭菜我们会给您留着，您不用着急，回来慢慢用。"

半小时后，客人回来了，领班和小王立即上前进行热情服务，客人用餐后满意而去。

案例思考： 通过案例，你得到什么启示？

任务实训

为了更深入地了解餐饮服务，请以小组为单位完成以下实训任务：

1. 到酒店中餐厅、西餐厅等进行参观，了解收银结账服务的步骤、注意事项。
2. 分角色扮演，小组模拟收银结账服务。

项目四　餐饮服务方式

项目目标

1. 掌握中餐宴会服务程序与服务注意事项；掌握西餐宴会服务程序；掌握中餐宴会的服务程序；掌握西餐宴会的服务程序。

2. 培养学生良好的职业素养，提高学生的餐饮服务技能。

 中餐厅服务

任务目标

1. 了解中国菜的分类、中式烹饪的方法及特点和中餐厅经营特点。
2. 熟悉中餐厅早茶和午、晚餐服务的程序。
3. 了解宴会的种类及宴会经营特点。
4. 掌握宴会预订的步骤与要领。
5. 掌握中餐宴会厅布局、餐台布置要领。
6. 掌握中餐宴会服务程序与服务注意事项。

相关知识

一、中餐简介

中餐具有历史悠久、技术精湛、品类丰富、流派众多、风格独特的特点,是中国烹饪数千年发展的结晶,在世界上享有盛誉。

(一)中国菜的分类

我国地域辽阔,人口众多,不同的民族、地理环境、生活习惯和文化形成了不同的菜肴风味。按照地区、历史和风味等特点分类,中国菜可分为地方菜、宫廷菜、官府菜、素菜和少数民族菜等。

1. 地方菜

地方菜是中国菜的主要组成部分。它主要选用当地出产的质地优良的烹饪原料,采用当地独特的烹调方法,制作出具有浓厚地方风味的菜肴。地方菜主要有粤菜、川菜、鲁菜和淮扬菜等。

2. 宫廷菜

宫廷菜是指专供宫廷皇室的菜肴。宫廷菜至今有近 3 000 年的历史，是我国古代烹调技艺的精华体现，标志着我国古代烹调的最高水平。现在人们品尝的宫廷菜主要是清朝御膳房里传下来的一些菜肴，因而又称"仿膳"。清朝有专司的御膳机构制作宫廷菜，负责烹调的厨师叫御厨，皇帝用餐叫进膳，开餐叫传膳。

宫廷菜在原料选择上有其他风味菜系无法与之相比的得天独厚的优越条件。宫廷菜可以随意选取上等烹调原料、各地的名优土特产品；十分讲究菜肴的造型，要求做到像盆景一样美观悦目；比较忌讳菜品原料单一化；宫廷菜对刀工有严格细致的要求；成菜装盘时，力求饱满平整；菜肴名称吉祥如意；盛装器皿富丽讲究。

3. 官府菜

官府菜是历代王朝的高官为在自己的官府中宴请宾朋而网罗名厨，进行菜肴制作和研究，并形成具有一定影响力的菜肴。官府菜主要有孔府菜、谭家菜等。

4. 素菜

素菜是指以植物类食物和菌类食物为原料烹制而成的菜肴，主要有佛教寺庙中的寺院素菜、繁华都市素菜馆的市肆素菜和家常烹制的民间素菜等。

5. 少数民族菜

少数民族菜又称民族风味菜，主要有回族菜（又称清真菜）、朝鲜族菜、维吾尔族菜、满族菜和藏族菜等。

（二）中式烹饪的方法及主要特点

1. 中式烹饪的方法

（1）爆

爆是用旺火热油对无骨并经刀工成形原料烹调的方法，常用于猪肉、牛肉、羊肉、鸡肉、鱿鱼和墨鱼等原料，可以分为酱爆、葱爆、油爆和汤爆等。

（2）炒

炒是用旺火短时间烹炒的方法。其速度快，原料形状一般较小，营养成分流失较少，菜肴特点是滑、嫩、脆和鲜。按照火候、材料、油温高低的不同，可分为生炒、干炒等。

（3）炸

炸是一种旺火、油多、菜肴无汁的烹调方法，即将油烧至预定的温度，使经过合理加工的原料在油内上色、成熟。菜肴需事先拌味、挂糊并直接下锅炸。

（4）煮

煮是一种将原料放在汤汁、水中长时间加热至成熟的方法，有直接煮制菜肴和煮汤两种。

（5）蒸

蒸是以水蒸气的热量使食物原料成熟的方法。它也是一种保温的方法。

（6）熘

熘是先以炸、蒸和煮的方法使原料成熟，再以熟汁烹制的一种综合性的方法。一般有直接下锅熘和盘内浇汁熘两种。

（7）炫

炫是将原料在汤中勾芡的一种烹调方法，即生料中的荤性原料都要拌味上浆，用温油滑透；素性原料用开水汆透；熟料则直接下锅烩制即可。

（8）烹

烹是把经油炸透的原料，再烹以适量的调味汁沾匀的烹调方法。从用油的多少可分为炸烹和煎烹两种。

（9）煎、贴

煎、贴都是以文火慢炸并使食物原料成熟的烹调方法。不同的是，煎需要将原料翻身，而贴则无须翻身。

（10）烤

烤是利用火或电的热量辐射，使菜肴直接成熟的烹调方法，有明炉烤、挂炉烤、烤箱烤和微波炉烤等。

（11）炖

炖是将原料经过生熟加工后，用大火将水或汤烧开，再以小火烧烂的烹调方法，分直接炖和间接炖两种。

（12）扒

扒是指将加工成形（一般应为片状）的原料加调料腌渍后，放在扒炉上加热至规定的成熟度的一种烹调方法。扒的菜肴一般要经过烧、蒸等方法烹制成熟后再进行扒制。扒类的菜肴有红扒和白扒，特点是质地酥烂和原汁原味。

（13）烧

烧是指原料经过煮或过油，加入汤、调料用大火烧开，以小火烧烂使菜肴入味的烹调方法。烧有红烧、葱烧和清烧等。

（14）熏

熏是用烟气使食物受热，并使之带有烟熏香味的烹调方法。熏有锅熏和炉熏两种方法。

（15）挂霜

挂霜是把糖经过熬制后，再将主料放入，离火后在通风处一边吹一边进行翻动，使糖挂在原料上的烹调方法。

（16）拔丝

拔丝是把炸过的食物原料放入炒制过的糖内均匀沾裹，并使之能拉出细丝的烹调方法。

（17）蜜汁

蜜汁是把糖溶化后熬成糖汁，然后将主料（一般是经蒸制后的主料）放入糖汁中，使之入味的烹调方法。这样烹制出的菜肴香甜软糯。

2. 中式烹饪的主要特点

（1）原料丰富，菜品繁多

我国丰富的物产资源为中式烹饪提供了坚实的物质基础。常用的中式烹饪原材料丰富多样，时令原料品种众多，特产原料广阔分布，稀有原料奇异珍贵。中国菜品种繁多，既有经济方便的大众便餐菜式，也有乡土气息浓郁的民间菜式等。

（2）选料严谨，因材施艺

中国菜对菜品原料的产地、季节、部位、营养、卫生的选择十分讲究，而且往往根据原料各自的特点，采用不同的烹饪技法。

（3）刀工精湛，善于调味

中式烹饪的刀法有数十种之多，刀工决定原料的形态，使菜肴千姿百态，栩栩如生。中国菜调味用料广泛、方法细腻，并突出原料的本味，使菜肴口味变化无穷。当今菜肴强调色、香、味、形、器、艺、养俱佳，菜品制作的标准更高。

（4）盛器考究，艺术性强

美食和美器的完美结合使中国菜更显雅致、完美和具有强烈的民族风格；精湛的刀工、和谐的色彩、美妙的菜名等使中国菜给人以文化的熏陶和艺术的享受。

（三）中餐厅的经营特点

1. 主题鲜明、风格独特

中餐厅的主题选择决定了餐厅的个性和特色，装饰和布置都以此为中心。中餐厅的主题选择范围非常广泛。中华民族悠久的历史和灿烂的文化都可以作为餐厅的主题，如：以一定历史阶段为背景提供宫廷菜的仿膳餐厅，以特定菜系和美食为主题的中餐风味餐厅，以风景名胜、民俗风情、历史人物等为主题的餐厅。风格主要根据主题，通过色调、灯光、家具、艺术品陈列、绿色植物和服务人员服装等各方面综合体现。

2. 服务热情，周到细致

中餐厅服务充分体现中华民族热情好客、温文尔雅和得体含蓄的风范。服务环节设计合理，体现周到细致，注重个性需求。

3. 生产环节多，管理难度大

由于品种丰富、构成的原料繁多、菜式规格多、批量小、生产环节多、分工细致和烹饪技艺要求高等因素，中国菜的质量控制和厨房管理难度较大。

二、中餐厅的服务

中餐厅是向国内外客人宣传中国饮食文化和展示酒店服务水准的主要场所。许多酒店的中餐厅只提供午餐和晚餐服务；南方有些中餐厅以早茶形式提供各式各样的早点；另外，也有很多中餐厅不提供早餐，客人主要在咖啡厅用自助早餐。

（一）早餐服务

1. 餐前准备

1）服务人员按餐厅要求着装，按时到岗，接受任务。

2）环境卫生。应根据规范进行餐前清洁卫生工作，如检查地面卫生，保持餐具、棉织品、家具等的清洁卫生。

3）摆台。按早餐摆台规范摆台（图4-1）。

4）准备工作。烧好开水，备好茶叶和各种佐料，整理工作台，准备开餐用具。

5）召集班前会，进行人员分工，检查服务人员的个人卫生、仪表仪容和精神面貌，强调营业的注意事项。

2. 问茶开位

当客人进入餐厅时，迎宾员要面带微笑接待客人、问候客人，问清人数后，引领客人至合适的餐台就座。

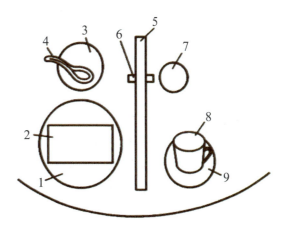

图4-1 早餐摆台
1—餐碟；2—餐巾花；3—饭碗；4—调羹；5—筷子；
6—筷架；7—调味碟；8—茶杯；9—茶垫碟

服务人员主动问候客人并为客人拉座椅让座，送上小毛巾后，问茶并按需要开茶。为客人开茶时，不能直接用手取茶叶往茶壶里放，应用茶勺按茶位放茶，注意茶量和卫生。开茶到台，应在客人右侧斟倒第一杯礼貌茶。斟倒时，服务人员要按规范提供服务，如客人临时加位，应加适量茶叶，冲水送上，并为其斟倒第一杯礼貌茶。

根据客人的要求填写点心卡，记上台号、茶位，签上服务人员的姓名，把点心卡送上桌，去掉筷套。

3. 开餐服务

开好茶位后，负责推销点心的服务人员分别将各种早茶车推至客人面前，向客人介绍当天供应的点心品种；客人要点心后，要迅速服务并在点心卡上记录或盖印章。随时为客人添加茶水，撤去空盘并整理餐桌。

4. 结账

客人示意结账时，应迅速将点心卡交收银员计算汇总，并备好账单，用账单夹递送。服务人员按规范替客人办理结账手续，并向客人致谢。

主动替客人打包食品。客人离座时，帮助拉座椅，再次致谢，提醒客人带上自己的物品，欢迎下次光临。

5. 清理台面

用托盘按规范清理台面，先整理桌椅，收餐巾和小毛巾，再用托盘收茶具和其他餐具并送入洗碗间分类摆放，换上干净台布，重新摆好干净餐具，准备迎接下一批客人或为午餐摆台。

（二）午餐、晚餐服务

中餐厅午餐、晚餐大多是零点服务，因此要求服务人员具有良好的服务态度、较强的敬业精神和过硬的服务技能，反应灵敏，熟悉业务，了解当天厨房的供应情况、厨房菜式烹调的基本方法和客人的心理需求，能推销符合客人需求的菜点，并向客人提供最佳服务。

1. 餐前准备

1）按餐厅的要求着装，按时到岗，接受任务。
2）整理和补充工作台。
3）按中餐零点摆台的规范摆台。
4）按餐厅卫生要求进行清洁工作。
5）备好调味品、开水、茶叶、洗手盅、小毛巾等开餐物品。
6）备好各种服务用具，如点菜单、笔、托盘、服务巾等。

领班、主管要仔细检查各项准备工作，并在班前会上检查服务人员个人仪表仪容，强调注意事项，进行分工，使员工在思想上进入营业状态。

2. 迎宾

迎宾员准备好菜单，在开餐前 5 分钟站在餐厅门口的指定位置，恭候客人到来；客人到来后，问明是否有预订和用餐人数等情况后，按规范引领。

（1）迎宾注意事项

1）对于先到餐厅的客人，应尽量安排在靠窗口或靠门口区域的餐位，以便窗外、门外的行人看见，以招徕客人。
2）情侣尽量安排在风景优美的角落，不受打扰。
3）着装华丽的时髦女性，安排在餐厅中央显眼的位置上。
4）行动不便的老年人或残疾人，安排在靠门附近；残疾人入座后应尽量挡住其残疾部位。
5）接近最后点菜时间才到达餐厅的客人，尽量将其安排在靠近厨房的位置，以方便迅速上菜。
6）为带孩子的客人主动提供儿童椅，并保证其安全。
7）对带宠物来餐厅的客人，应婉言告诉客人宠物不能带进餐厅。

8）餐厅客满时，请客人在沙发休息区等候，一有空位立即按等候顺序安排入座。等候时可以提供菜单和酒水服务。如果客人不愿意等候，主动帮助联系本酒店的其他餐厅，尽量安排客人在本酒店就餐。

9）迎宾员在引领客人进入餐厅各服务区时，还应均匀分配工作量，确保提供优质服务。

（2）模拟对话

迎宾员：下午好，欢迎光临。请问您有预订吗，先生/女士？

客人：没有预订。

迎宾员：请问共有多少人来用餐，先生/女士？

客人：两位。

迎宾员：请这边走。

请问您对这张餐桌满意吗，先生/女士？

客人：嗯。不错。

迎宾员：请坐！这是您的菜单，先生/女士。

H: Good afternoon. Welcome to our restaurant. Do you have a reservation, sir/madam?

G: No.

H: How many persons are there in your party, sir/madam?

G: Two.

H: This way please.

Is this table fine with you, sir/madam?

G: OK.

H: Sit down please! Here is the menu for you, sir/madam.

茶水服务

3. 餐前服务

1）迎宾员在为客人递送菜单后，服务人员应及时递上毛巾，并用敬语："请用毛巾。"

2）征询客人喝什么茶水饮料时，应使用选择疑问句，主动介绍茶水饮料品种。可以在递铺餐巾和去筷套时询问客人喝什么茶水饮料。一般在客人右边操作。

3）迅速填写点单，准备茶水饮料，在客人右手边进行茶水或酒水服务，应使用恰当的敬语。

4）从主宾开始为客人服务调味酱油或醋。

5）撤去多余的餐位或加位。

6）做好点菜的准备工作，站在适当的位置，随时准备帮助客人点菜。

4. 点菜服务

客人看完菜单，服务人员应按规范接受点菜。为了提供优质服务，进行良好的推销，服务人员应了解客人的需求，熟悉菜单，主动提供信息和帮助，并按规范安排菜单。

(1)点菜准备工作

1)了解菜单上菜肴的制作方法、烹调时间、口味特点和装盘要求。

2)了解菜单上菜肴的单位,即一份菜的规格和分量等,通常以盘、斤、两、只、打、碗等来表示。

3)掌握不同人数的客人所需要菜肴的组成分量。

4)了解客人口味及饮食需求。通过观察客人的言谈举止、年龄和国籍获得信息,同时掌握客源地饮食习惯和菜肴知识,便于做好建议性销售。

5)能用外语介绍菜肴口味特点、烹调方法和原料等。

6)懂得上菜顺序、时机和佐料搭配。

知识链接

不同客人的饮食需求

中国香港客人喜爱喝汤和清淡的菜肴;日本客人喜食麻婆豆腐、榨菜银芽炒肉丝、刺身类菜肴、河豚、蘑菇和汤面等;美国客人偏爱鲜嫩、清淡、爽口和咸中带甜的菜肴,如菠萝咕噜肉和拔丝苹果等;印度客人不食牛肉,许多人爱食素;非洲客人爱食用猪肉、牛肉和鸡肉等,不喜爱海鲜;欧美客人一般不食动物内脏、狗肉、鸽子肉等;节食的客人喜食低热量、低脂肪的食品。

(2)点菜步骤

1)接受点菜。在客人准备点菜时,立即走上前询问:"我可以为您点菜了吗?"

2)提供建议。注意观察,了解需求,并主动介绍当天的特选菜,多用描述性语言和选择疑问句,不能强行推销,协助客人选择,注意荤素搭配和分量适中。

3)记录内容。接受客人点菜时,身体微前倾,认真清楚地记下客人所点的菜品名称。

4)复述内容。为了确保点菜正确无误,应重复客人所点的菜品,请客人确认。

5)礼貌致谢。复述完毕,服务人员应收回菜单,并向客人表示感谢:"非常感谢,请稍等。"

模拟对话:

服务人员:请问可以为您点菜了吗?

客人:可以。

服务人员:请问您想吃些什么?

客人:青豆蔬菜、清蒸甲鱼、紫菜蛋汤。

服务人员:请问您还需要点别的吗?

客人:那你能为我们推荐一下吗?

服务人员:好的,先生/女士,糖醋鱼是今晚的特别推荐,您是否试试?

客人：好的。

服务人员：您还需要什么吗？

客人：不用了，谢谢。

服务人员：好的。您点的是青豆蔬菜、清蒸甲鱼、紫菜蛋汤、糖醋鱼，对吗？

客人：是的。

服务人员：好的。请稍等。

W：May I take your order now?

G：Yes.

W：What would you like to order?

G：Vegetable with green peas, the steamed turtle, laver and egg soup.

W：Would you like some more?

G：Could you give us any suggestion?

W：Yes, sir/madam. The sweet and sour fish is particularly good tonight. Would you like to try?

G：OK.

W：Anything else?

G：No, thanks.

W：OK. Your order is Vegetable with green peas, the steamed turtle, laver and egg soup and the sweet and sour fish, is that all right?

G：That's right.

W：OK. Wait a moment please.

（3）填写点菜单（订单）

点菜单（订单）一式四联：一联交收银员，二、三联由收银员盖章交传菜部，四联服务人员自留或放在客人餐桌上以备核查。

填写点菜单（订单）的要求如下：

1）许多餐厅由餐厅领班或高级服务人员为客人点菜，要填写台号、人数、服务人员的姓名和日期。

2）正确填写数量和品名。

3）用笔画掉空行。

4）如有特殊要求，用其他颜色笔注明。

5）冷菜、热菜和点心分单填写，以便厨房分类准备和操作。

6）点完菜后，主动推销介绍酒水，填写酒水订单。

 小知识

电子点菜

现在中餐零点餐厅将高科技应用于点菜，餐厅利用局域网络进行点菜：将前台餐厅计算机终端输入与后台厨房、酒吧打印设备和收银结账终端连接。前台服务人员将客人所点的菜肴品种通过计算机终端按编号输入，按确认键，后台厨房打印机立即将所点的菜肴依冷菜、热菜和点心分别打印出两联：一联用于传菜，二联用于厨房出菜。收银员计算机终端自动生成某台账单，如果取消菜肴必须由督导管理员授权。

5. 传递菜肴

传菜部是中餐厅前台和后台协作的枢纽，主要任务是将餐厅服务人员所点的菜肴通知厨房，并将厨房做好的菜肴准确无误地送至餐厅。出菜节奏、顺序和质量，一般由传菜部主管或领班画单进行控制。

（1）传菜部必备的用具物品

1）台号夹。可用木质夹，写上餐厅桌号。大餐桌每桌可备台号夹15只左右，小餐桌可备台号夹8只左右（注意保持木质夹的清洁卫生）。

2）台号夹隔架。存放不同台号夹子的架子或隔断。

3）白板。将不同台的点菜单第三联依次贴在白板上供画单员控制出菜并画单。

4）各种服务用具，如托盘、画单用的红色圆珠笔、透明胶带、洗手盅、保温盖和各种调味品等。

5）检查各种盛菜容器，分菜用的餐具、汤勺等是否干净充足，有无破损。

（2）传菜程序

1）服务人员点菜后，立即将第一联点菜单交收银台，第二联和第三联由收银员盖章后送传菜部。

2）传菜部在第二联点菜单夹上与菜肴道数相同数量的台号夹，台号夹的餐桌号与点菜单的桌号应相同，并递交冷菜间、热菜切配间或点心间做准备；将第三联贴在白板上以备画单和控制出菜用。

3）厨房根据用餐习惯先准备冷菜，再出热菜。传菜部负责掌握出菜的节奏，根据出菜台号夹的号码，在白板上相应台号的点菜单上将已出的菜肴画掉，同时检查菜肴数量和质量等。

4）传菜员迅速将菜转交餐厅服务人员，由餐厅服务人员服务上桌。

5）第三联点菜单画单结束后妥善保存，以备财务部审核。

6. 席间巡台服务

注意客人进餐情况，勤巡视每桌客人的台面，良好的服务体现在服务人员的工作做在客人开口之前。一般席间巡台服务的内容和要求如下：

1）随时添加酒水、推销饮料。

2）撤去空盘、空饮料瓶，整理台面，保持台面清洁美观。

3）客人席间离座，上前帮助拉座椅、撤餐巾，回座时再帮助客人拉座椅、递餐巾。

4）客人停筷后，主动询问是否需要水果、甜品，并询问客人是否需要将多余的菜肴打包带走。如需要，迅速按规范替客人打包。

7. 甜品、水果服务

1）撤走菜盘和吃咸味菜的餐具，只留下牙签和有酒水的杯子。

2）摆上甜品或水果的餐具后，上甜品和水果。

3）等客人用完水果后，问茶。

8. 结账和热情送客

1）客人示意结账后，上毛巾，并按规范进行结账服务。

2）客人起身离座，上前拉座椅，帮助客人穿好外套，提醒客人带上随身物品和打包食品，向客人诚恳致谢并道再见。

模拟对话：

服务人员：请问您是付现金还是用信用卡？

客人：现金。

服务人员：好的，请稍等。您好，您的账单一共是135元。

（客人支付200元）

服务人员：谢谢！收您200元整，找您65元。

（客人离店）

服务人员：感谢您的光临，先生/女士，希望再次为您服务。

W：Would you like to pay cash or by credit card?

G：Cash.

W：OK, wait a moment please. Excuse me. Here is your bill, 135 yuan total.

W：Thank you! Receive 200 yuan, here is your charge—65 yuan.

W：Thank you, sir/madam. We hope to serve you again.

9. 结束工作

1）客人走后，再次检查是否有遗留物品，如有立即交还给客人或交由餐厅经理处理。

2）整理餐椅，清点餐巾和小毛巾，并按规范将所有餐具送至工作台或洗碗间。

3）换上干净的台布，重新摆台，等候迎接下一批客人或继续服务其他客人。

案例情境

下午两点，原本热闹非凡、客流如织的中餐厅，随着最后一桌客人的结账离开而渐渐安静下来。服务人员正在整理台面时，四位行色匆匆的客人从门外进来，坐下后服务人员递上菜单，客人照着菜单上连点了两三个菜，都被服务人员抱歉地告知暂时没有或已销售完毕，客人扔下菜单质问道："你们这菜单不是形同虚设吗？这也没有，那也没有！那你们到底有什么啊？"

案例思考： 如果你是服务人员，应该如何应对和处理？

任务实训

为了更深入地了解餐饮服务，请以小组为单位完成以下实训任务：

1. 到酒店中餐厅进行参观，了解中餐厅服务的步骤、注意事项。
2. 分角色扮演，小组模拟中餐厅服务。

任务二 西餐厅服务

任务目标

1. 了解西餐主要流派的菜式和烹饪特点。
2. 了解咖啡厅与高级西餐厅的区别。
3. 熟悉西餐早餐、午晚正餐和自助餐的服务程序。
4. 熟悉西餐宴会场地与餐台布置要求。
5. 能够根据不同宴会菜单准备西餐餐具。
6. 掌握西餐宴会服务程序。

相关知识

 ### 一、西餐简介

西餐泛指根据西方国家饮食习惯烹制出的菜点,以及根据西方习俗提供的服务。西餐菜肴和服务尤以法式为代表。

 小知识

西餐的发展简史

在西餐烹饪史中,有文字记载和实物作证的西餐烹饪最早出现在古埃及。受到古埃及文化和希腊文化的熏陶,罗马的烹饪技术和厨师的社会地位得到提高,同时也使西餐菜肴制作得到发展。16世纪30年代,著名的罗伦斯家庭开创了法国烹饪的新时代。17世纪末,法国烹饪已闻名于世。新大陆的发现和英国的殖民扩张等使西餐在全球范围发展,到了19世纪以后,欧洲各国的菜肴特色和饮食风格已经基本形成。

19世纪40年代之后，西餐传入中国，出现了中国人自己开设的以营利为目的的西餐馆，在当时被称为"番菜馆"。最早的番菜馆是上海福州路的"一品香"。20世纪初，法国人创办了北京饭店，专营西餐。辛亥革命以后，西餐业很快发展起来，较有名的是北京的北京饭店、六国饭店，上海的礼查饭店等。中华人民共和国成立后，又陆续建立了一些新酒店。北京在20世纪50年代建成的北京饭店西楼、和平宾馆等都设有西餐厅。之后，我国实行对外开放政策，旅游业也迅速发展起来，西餐业又有了新的发展。

（一）欧美主要国家的菜式特点

西餐的主要流派按国家或地区分为法式菜、英式菜、美式菜、俄式菜、意大利菜等。

法式西餐特点

1. 法式菜

法式菜被公认为西餐的代表，誉满全球，一直领导着西餐的新潮流。

（1）选料广泛，品种繁多

法国人的早餐比较简单，只有咖啡和面包等。但午、晚餐比较丰盛，尤其是晚餐，有色拉、汤、小盆（副盆）、主菜、奶酪、甜食、水果和咖啡等。选料也广泛，如蜗牛、生蛙、蛙腿、龙虾、奶酪、肥鹅肝等，这些都是法国人认为的美味佳肴。

（2）讲究烹饪，注重调味

法式菜肴的烹制除了讲究方法，还注重使用相应的酒调味，如清汤用白葡萄酒、火鸡用香槟酒、炸蛙腿用白兰地、点心和水果用甜酒、野味用红葡萄酒等。一般白色肉类用白葡萄酒，有色肉类用红葡萄酒，这些与用餐配的酒相互对应。法式菜还常用具有杀菌消毒、助消化、去异味作用的调料，如生洋葱、大蒜头、芥末酱、白醋和柠檬汁等。

（3）用料新鲜，讲究搭配

法国人爱吃生嫩菜肴，要求原料新鲜；讲究蔬菜的搭配，一道荤菜往往要配两三种蔬菜，甚至更多，注重营养合理搭配。

法式菜大多以地名、人名、物名来命名，如里昂土豆、巴黎煎鱼、诺曼底猪排等。此外，名菜还有鹅肝酱、法式洋葱汤、巴黎龙虾、法式蜗牛、烤蒜头羊腿等。受法式菜影响较大的有比利时、荷兰、卢森堡、阿尔及利亚、毛里塔尼亚等国家。

2. 英式菜

英式菜在世界许多国家和地区产生了较大的影响。英式菜讲究花色，少而精，注重营养搭配，口味清淡、少油、鲜嫩焦香是其显著特色。英式菜调味品很少用酒，也比较简单，主要有盐、胡椒粉、芥末酱、番茄沙司和醋等，通常放在餐桌上请客人自取。

英式菜原料多用牛肉、羊肉、水产、家禽、野味和新鲜瓜果蔬菜。烤肉、熏制的鳟鱼和鲱鱼一直是英国人喜爱的食品。另外，英国人爱吃的布丁有甜有咸，著名的有圣诞布丁、冬至布丁、葡萄干布丁、青豆布丁等。英国传统名菜很多，如爱尔兰烩羊肉、英式各色铁扒、西冷牛排、波特好司牛排等。受英式餐饮影响较大的国家和地区有美国、澳大利亚、新西兰、新加坡、印度、印度尼西亚、加拿大、加纳、坦桑尼亚和中国香港等。

3. 美式菜

美式菜从菜式、口味而论可以说是英式菜的派生物，但近百年来，美国人勇于改良和创新，又糅合了印第安人，以及德国、法国、意大利和西班牙等国家烹饪精华而形成了自己的特色。

美式菜受英式菜的影响，讲究营养搭配，清淡不腻，要求量少而精，这是英美菜肴的共同之处。美式菜咸中带甜，微辣，略微酸甜；爱用水果做菜是美式菜的独到之处；讲究铁扒和色拉类菜肴的制作。美国人爱吃甜食和水果，尤其是冰激凌；不爱吃奇形怪状的动物，如海参、鱿鱼、无鳞鱼、动物内脏和头尾全形的菜肴。

常见的美式菜有华道夫色拉、橙味烤野鸭、苹果烤鸭、美式什锦铁扒、丁香火腿和华盛顿奶油汤等。受美式菜影响较大的国家有加拿大、日本和德国等。

4. 俄式菜

俄罗斯是一个多民族的国家，地处高寒地带，受气候等地理条件与民族习俗影响，俄式菜在西餐中有自己的显著特色。

俄式菜口味偏咸、偏辣、偏酸、偏甜，口味重。常用的调料有奶渣、奶皮、酸奶油、酸马奶、酸黄瓜、柠檬、白醋、辣椒、黄油、小茴香和香叶等。俄式高档宴会少不了鱼子酱，分为红鱼子（大马哈鱼卵）和黑鱼子（鲟鱼卵）。黑鱼子比红鱼子更为名贵。

午餐一般由冷菜、汤、主菜、甜点、饮料等组成。晚餐在日常情况下要简单些，通常有一道冷菜和一道主菜，甚至只有一些蔬菜、水果、点心和红茶。俄国人爱吃牛肉、羊肉、猪肉、家禽、野味，很爱吃三文鱼和碎肉做馅的菜肴。土豆是俄国人一日三餐必不可少的，他们称土豆为"第二面包"。他们喜吃冷饮和冷菜，爱吃油腻味浓的菜肴。

俄式名菜很多，如黄油鸡卷、罗宋汤、俄式冷盘、莫斯科蔬菜色拉、乌克兰羊肉饭、哈萨克手抓羊肉等。受俄式菜影响较大的主要是东欧诸国及德国（原东德部分）。

5. 意大利菜

意大利菜的特点是原汁原味、香醇味浓，烹调方法以红烩、红焖和炒较多。意大利人爱吃甜酸味，不爱油腻，不食动物内脏、肥肉和奇形怪状的动物及软体动物。

用米、面做菜是意大利菜的一大特色。面食中主要有各式各样的空心粉和实心粉、意大利馄饨等。意大利面条做工精细，品种繁多，闻名于世。在制作时，有的加入番茄、菠菜、胡萝卜、鸡蛋等而呈现各种颜色，同时制成各种形状，如蝶形、螺丝形、贝壳形、五星形、齿轮形、米粒形、直的、弯的、粗的、细的等，共同的特点是面条有韧劲，一般用肉酱、番茄酱佐食。另外，意大利披萨、意大利奶酪和意大利通心粉质量上乘，风靡世界各地。意大利人爱吃牛肉、羊肉、鸡和鱼等，但不重视蔬菜。新鲜水果是餐后必吃的辅助食品。

意大利传统名菜很多,如米兰猪排、意大利牛腱子饭、意大利通心粉、罗马魔鬼鸡、那不勒斯烤龙虾、佛罗伦萨烤牛排等。

小知识

披 萨

披萨是一种由特殊的饼底、乳酪、酱汁和馅料烤制而成的具有意大利风味的食品,受到世界各国消费者的喜爱。好的披萨必须具备四个特质:新鲜饼皮、上等奶酪、顶级披萨酱和新鲜的馅料。饼底一定要每天现做,面粉一般用春冬两季的甲级小麦研磨而成,这样做成的饼底才会外层香脆、内层松软。披萨酱须由鲜美番茄混合纯天然香料秘制而成,风味浓郁。乳酪是披萨的灵魂,正宗的披萨一般选用富含蛋白质、维生素、矿物质、钙质和极低热量的马苏里拉奶酪。

(二)西式烹饪的方法及主要特点

1. 西式烹饪的方法

西餐的烹调方法,主要是指经过切割成形的食物原料,通过加热调味,制成不同风味菜肴的操作方法。西餐菜肴的品种繁多,烹调方法也独具特色。

(1)铁扒

铁扒是以金属(如铁等)直接传热而使原料成熟的烹调方法。铁扒起初是烹制扒类菜肴的专用工具,可以随意移动,现已发展为相对固定的扒炉和铸铁板等。铁扒于是成为此种烹调方式的名称。

用于铁扒的原料大多为肉类,一般将肉类加工成不同厚度的片状或具有平面的形状,以便扒制成熟。

(2)烤

烤是一种利用辐射热能使原料成熟的烹调方法,一般分为生烤和熟烤两种。生烤是将原料加工整理后直接进行烤制,成熟后切割装盘;熟烤是在原料整理加工后,将原料用其他方法预制,加入沙司调味,再进行烤制。

用于烤制的原料很广,大部分动物、植物原料可以用这种方法烹制。

(3)焖

焖是将过油着色后的原料放置在焖锅内,加入沸水或汤、香料及其他调味品,先大火后小火进行加热,使原料成熟的烹调方法。

西餐焖制菜肴的方法有黄油焖、烤焖、罐焖和浓汁焖等,其中烤焖又可分为单一烤焖法和混合烤焖法。焖制菜肴的特点是酥软香糯和口味醇厚。

(4)炸

炸是用多油、旺火或中小火使原料成熟的烹调方法。因为风味和原料取材不同,炸又可以分为清炸、拖糊炸、面包炸等。

（5）煎

煎是使用少量油（一般不漫过原料厚度）、运用多种火力（多为中火）使原料成熟的烹调方法。它是西餐烹调中使用最广的一种方法。煎制菜肴的油温一般以七八成热为宜。根据原料的需要，可分单面煎和双面煎。

（6）炒

炒是将加工成丝、片、条、块、丁、粒的原料，以少油、旺火急速翻拌，使原料在短时间内成熟的烹调方法。

（7）烩

烩是将加工成片、丝、丁、块、粒等形状的原料，先过油着色或者汆水预制成半成品，再加入沙司，先旺火后小火，使原料成熟的烹调方法。

（8）煮

煮是将原料置入多量清水或汤汁中，用旺火烧开，以小火煮制，使原料成熟的烹调方法。一般有冷水投料和沸水投料两种方法，保证原汁原味，软嫩鲜香，肥而不腻，清淡利口。

（9）炭烧

炭烧，也叫串烧，是将原料加工及腌渍后，置入炭火炉中，以明火辐射热能直接将原料烤炙成熟的烹调方法。炭烧食品的特点是外皮焦脆，内肉香嫩，色泽红褐，别具风味。

（10）汆

汆与煮十分相似，只是时间要短，即沸水下料，快速成熟。汆制菜肴的特点是保证本色鲜味，肉质脆嫩爽口。

（11）焗

焗与烤制类似，不同之处在于把经加工切配、调好味的原料，加入沙司、蔬菜或较湿的原料，再进行烤制，其味更加鲜美。

2. 西式烹饪的主要特点

（1）选料精细

西餐大多不宜烧得太熟，所以要求原料新鲜；对牛、羊、猪肉的选料要求去骨、去皮和无脂肪的精肉，禽类也去头去爪，一般不食用动物的内脏和无鳞鱼类等。

（2）口味香醇

西餐独特的调料、香料和酒的使用，使菜肴口味香醇。西餐的调料和香料有胡椒、番茄酱、咖喱、芥末、肉桂、丁香、薄荷叶、小茴香、月桂香叶、莳萝、罗勒、肉豆蔻、迷迭香、香草、蛇麻草、披萨草（牛至叶）和百里香等。另外，还常使用奶制品调味。

（3）沙司单制

西餐菜肴在形态上以大块为主，烹调时不易入味，所以大多要在菜肴成熟后拌以或浇上沙司，使其口味更富有特色。调味沙司与主料分开单独烹制，不同的菜肴配不同的沙司，食用时非常讲究。

（4）方法独特

西餐的烹调方法有煎、烤、铁扒、焗、熏、蒸、烩、炒和炸等，以铁扒、烤和焗最具特色。

（5）注重老嫩

欧美人对牛、羊肉的老嫩程度很讲究，服务人员在接受点菜时，必须问清客人的需求，厨师按客人要求烹制。烹制牛、羊肉一般有五种火候。

1）一成熟。表面焦黄，中间为红色生肉，装盘后血水渗出。

2）三成熟。表面焦黄，外层呈粉红色，中心为红色，装盘不见血，但切开后断面有血流出。

3）五成熟。表面褐色，中间呈粉红色，切开不见血。

4）七成熟。肉表深褐色，中间呈茶色，略见粉红色。

5）全熟。表面焦煳，中间全部为茶色。

（三）西餐厅经营特点

旅游星级酒店的西餐厅常见的有服务时间达18～24小时的咖啡厅和提供午、晚两餐或只有晚餐的高级西餐厅。

1. 咖啡厅的特点

咖啡厅，英文为"Coffee Shop"，美国人称为"Cafe"。早期的咖啡厅是名副其实供客人饮用咖啡的地方，随着社会的不断发展和工作生活节奏的加快，咖啡厅逐步发展成为人们工作之余稍作休息和会友洽谈的场所。酒店为了方便商务和旅游客人就餐、休息和会客，一般在酒店一楼大厅附近设咖啡厅，提供18～24小时服务。

（1）主题鲜明，风格迥异

咖啡厅主题通常反映欧美传统或新潮的文化艺术。欧陆式咖啡厅的主题一般比较清新、活泼和隽永，常以大自然作为主题，如花园、森林等，通常一日三餐提供种类丰富的自助餐和风格各异的西餐美食，是一种饮食多元化的场所，装饰以西洋油画和装饰画为主，风格抽象。美式咖啡厅主题体现了不同文化艺术形式之间的相互渗透，较适合年轻人的品位和追求，带有浓厚的休闲娱乐性质。咖啡厅内灯光较暗淡，易激发人的怀旧之情。

（2）讲究效率，轻松愉快

咖啡厅的服务大多采用自助餐或美式服务。自助餐服务指在客人进餐厅后立即享用丰富的美食。零点采用美式服务，菜肴在厨房分盘装好，直接端给客人，大大缩短客人的等候时间，提高餐厅餐位周转率。因为环境活泼，服务简便，客人就餐气氛轻松愉快，很受欢迎。

（3）餐娱结合，消费经济

随着国际交往和社交的日益频繁，咖啡厅也成了人们交流文化的场所。在节日和特别活动时间，咖啡厅常将餐饮与娱乐紧密结合，达到文化交流和促进销售的目的。另外，咖啡厅的消费相对于高级西餐厅来说，价格经济实惠。

2. 高级西餐厅特点

为了体现餐饮菜肴与服务的特色和水准，满足客人需求和增加经济收入，高星级酒店常设高级西餐厅。它的特点如下：

（1）突出主题，经典浪漫

高级西餐厅的装饰大多采用法式或意式设计，反映欧洲文明的经典与辉煌。气氛洋溢着神秘、浪漫和富丽的色彩。可供选择的主题有欧美特定的历史朝代、异域风情和文化艺术形式相互渗透。装潢的主体色调多采用暖色调，并且反映不同国家和民族对色彩的偏爱程度和赋予的意境，以金色、古铜色配深色、枣红色、咖啡色为主。另外，为了突出主题，还将国旗的颜色搭配使用。光线以烛光为主，使空间光线照明分布充满层次感和立体感。常用绘画、雕塑作品和展示台表现主题和渲染进餐气氛。

（2）豪华享受，高档消费

服务秉承尽善尽美的传统，注重礼节和体现对客人的个别照顾，甚至做到两位服务人员为一桌客人服务。提供正宗的西式大菜，有的菜肴在客人餐桌边进行烹制表演，烘托气氛，体现服务。餐具用品的配置豪华高档、品质精细和款式传统，让客人在豪华、典雅的环境中，享受美和周到体贴的服务，用餐费用昂贵。

（四）西餐就餐的进餐礼仪

在高级西餐厅就餐讲究礼仪，注重传统。

1. 服装

在高级西餐厅用餐，男士应西装革履，打领带或领结；女士应身着礼服，穿戴整齐。

2. 女士优先

从进餐厅开始，贯穿服务全过程，注重对女士的尊重，始终坚持女士优先，如进门、拉座椅、递菜单、酒水服务、点菜、上菜等。

3. 坐姿

保持上身端直，微前倾，一般不靠椅背，以示对来宾或主人的尊重。

4. 语言

与中国的"食不言、寝不语"习惯相反，西餐桌上应和别人轻松自由地交谈。说话时嘴里不嚼食物，通常说话前或喝酒前要用餐巾擦一下嘴。

5. 用餐习惯

将大小合适的小块食物送入口中；喝汤时，用右手拿汤勺，勺子朝正前方向舀，再送入口中，不发出声响；不端盘子进餐；大块肉食不可用刀叉扎着食用，应切成大小适宜的小块送入口中；如用到带骨肉类菜肴和带骨刺的海鱼，先用刀、叉将肉与骨分开，再切成小块送入口中，不能发出刀、叉与盘子摩擦的刺耳声；讲究不同种类的菜肴配用不同的餐具和搭配不同口味的酒品。

6.刀叉语言

席间饮酒水或暂时离席，应将刀叉呈"八"字形搭放在盘边，刀口朝向里侧。如用餐完毕，暗示服务人员可以撤盘，将刀叉并排放于盘中。

二、西餐厅的服务

西餐厅主要是指咖啡厅和高级西餐厅。西式早餐用餐场所主要在咖啡厅，可以采用自助式或零点服务。高级西餐厅主要提供午餐和晚餐，有些高级西餐厅只提供晚餐。

（一）早餐服务

1.早餐的分类

西餐早餐按传统可分为英式早餐和欧陆式早餐两类。

（1）英式早餐

英式早餐内容丰富，供客人零点时自由选择。

1）咖啡、茶或可可。

2）各种果汁、蔬菜汁。

3）各式面包配黄油和果酱。

4）冷或热的谷物，如玉米片、燕麦粥等。

5）鸡蛋类。

6）火腿、香肠和腌肉等肉类。

（2）欧陆式早餐

欧陆式早餐也称大陆式早餐，内容简单，无蛋无肉。

1）咖啡、茶或可可。

2）果汁、蔬菜汁。

3）面包配黄油或果酱。

英国的正餐往往安排在晚餐，因此英国人对晚餐特别重视。欧洲大陆以前普遍落后，生活不太富裕，且习惯把午餐作为正餐，对早餐不太讲究。时至今日，许多欧洲国家的早餐还是以冷食为主，也有家庭偶尔吃鸡蛋和肉类。

2.早餐食品与餐具搭配

（1）蛋类菜肴

早餐鸡蛋的制作方法很多，主要有以下几种：

1）煮蛋，一般分为3分钟、5分钟和10分钟三类，应问清客人对时间的要求。服务时用蛋盅或蛋杯送上，配茶匙或咖啡匙、餐刀、胡椒和盐。

2）煎蛋，分为单面煎和双面煎两类。服务人员要向客人问清煎蛋的老嫩程度，以及是否需要搭配食用肉类。服务时用餐盘盛装，配以餐刀和餐叉进食。

3）炒蛋，又称溜糊蛋。服务时，服务人员要向客人问清炒蛋搭配何种肉类，用餐刀和餐叉进餐。炒蛋一般是放在烤薄面包片上提供给客人的。

4）水波蛋，用餐刀和餐叉进食，可以配肉类，通常放在烤面包上提供给客人。

5）奄列蛋，种类较多，常见的有火腿奄列蛋、腌肉奄列蛋、香肠奄列蛋、洋葱奄列蛋、蘑菇奄列蛋、西班牙奄列蛋等。点单时，问清客人需求，用餐盘、餐刀和餐叉食用。

（2）谷物食品

1）热的谷物食品，主要有燕麦片、麦片粥等。食用时配加热牛奶和糖，用甜品勺食用。

2）干的谷物食品，主要有玉米片、爆麦圈、麦糠片等。食用时配加冷牛奶和糖，用甜品勺食用。

（3）水果

1）草莓。加入鲜奶油，以水果刀和水果叉食用，也可以用茶勺；另外，还可以加牛奶和砂糖食用。

2）葡萄柚。将葡萄柚拦腰切一半放入柚杯中，食用时可根据客人需求配糖或不配糖，用柚子勺或茶勺挖取食用。

3）其他水果。早餐常用的水果有香蕉、苹果、西瓜和蜜瓜等，食用时由厨师切好，配水果刀和水果叉。

3. 早餐服务程序

客人用餐感受好坏往往影响全天的情绪，因此要求环境优美、台面整洁、食物可口新鲜、服务规范和效率高。

（1）餐前摆台

西餐早餐摆台（图4-2）通常讲究效率，不铺台布，只在餐桌上摆放餐具垫布、餐具垫纸或"十"字布巾，便于翻台。

西餐早餐摆台主要用具有餐巾、餐刀、餐叉、甜品勺、面包盘、黄油刀、黄油盅、咖啡具、果汁杯、胡椒瓶、盐瓶、糖缸、禁烟标志、花瓶等。

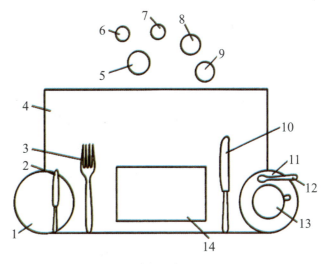

图4-2 西餐早餐摆台

1—面包盘；2—黄油刀；3—餐叉；4—纸垫式菜单；5—烟灰缸；6—盐盅；7—胡椒盅；8—糖缸；9—淡奶壶；10—餐刀；11—垫碟；12—咖啡匙；13—咖啡杯；14—餐巾花（纸）

(2)准备工作

服务人员要备好咖啡、茶、黄油、果酱、面包、果汁和蜂蜜,检查服务用具和环境卫生。

(3)迎宾

热情欢迎客人,询问是用自助餐还是零点。按规范问候和引领客人,拉座椅让座,女士优先。如果客人选择零点则递送菜单。

(4)值台服务

1)站在客人右侧,为客人铺餐巾。

2)询问客人是用咖啡还是用茶,并主动介绍当日的新鲜果蔬汁。

3)服务咖啡或茶。

4)按规范为客人点菜,询问客人需求,如客人点鸡蛋则应问清烹制方法和特殊要求等。

5)根据客人所点的早餐,依照女士优先的原则,按热饮、果蔬汁、面包、谷物类食物、蛋类食物和水果的顺序依次提供相应的服务。

(5)结账并送客

1)提前检查账单,保证准确无误,准备好笔和账单夹。

2)等客人示意结账后,按照结账的规范为客人结账。

3)客人离座时,主动为客人拉座椅,及时检查是否有遗留物品,同时致谢并欢迎客人下次光临。

(6)结束工作

1)整理餐椅,收拾餐巾。

2)收拾台面并将脏餐具送至后台分类摆放。

3)为下批客人或下一餐摆台。

(二)午餐、晚餐服务

西餐午晚餐服务程序

高级西餐厅的午餐和晚餐服务考究,注重情调,节奏缓慢且价格昂贵,体现酒店西餐服务的最高水准。通常以美式服务为主,个别菜肴采用法式服务。

1. 接受预订

高级西餐厅因进餐节奏较慢,就餐时间长,所以餐座周转率很低,客人一般提前订座以保证餐位。餐厅由迎宾员或领班负责按规范接受客人的电话预订或面谈预订,并进行记录和安排。服务人员要摆放留座牌和熟记预订内容,以便准确提供服务。

2. 准备工作

(1)环境卫生

保证地面、家具、餐具及棉织品的清洁卫生。

(2)摆台

按餐厅规范和预订情况摆台。

（3）服务用具

准备和检查菜单、点菜单、托盘、服务手推车、保温盖和笔等。

（4）冰水、咖啡和茶

准备冰水，并做好煮咖啡和泡红茶的准备工作。

（5）调味品

准备芥末、胡椒瓶、盐瓶、柠檬角、辣椒汁、番茄酱、奶酪粉及各种色拉酱等。

（6）班前会

开餐前半小时由餐厅经理主持短会，检查员工仪容仪表、进行任务分工、介绍当日特色菜肴和客情、强调 VIP 客人接待注意事项等。

3. 热情迎宾

由迎宾员或餐厅经理按规范迎接客人。

4. 值台服务

1）微笑问候，帮助拉座椅。

2）介绍餐前酒水，上热毛巾。

3）倒冰水，递铺餐巾。

4）女士优先，服务餐前酒水。

5. 接受点菜

因西餐是分食制，每位客人所点的菜都可能不同，所以应在座位示意图上记录每位客人所点的菜肴；然后安排送入厨房的正式点菜单，以便控制节奏和上菜顺序。

1）当客人看完菜单后，立即上前征求意见是否可以点菜。得到主人首肯后，从女宾开始依次点菜，最后为主人点菜。

2）提供信息和建议，询问特殊需求，如牛排、羊排需几成熟，色拉配何种色拉酱等。

3）记录内容，分别记下不同客人所点的菜肴，避免混淆。

4）复述客人所点菜肴的内容，以便确认。

5）礼貌致谢，收回菜单。

6）填写送厨房的点菜单。

6. 服务黄油和面包

客人点完菜后，服务人员按女士优先原则依次在客人左侧先上黄油，再在面包盘里分派面包或用面包篮送上各种面包。

7. 推销佐餐酒

领班或酒吧服务人员，呈递葡萄酒单给客人，根据客人所点的菜肴，介绍和推销与其相配的佐餐酒。

8. 重新安排餐桌

服务人员根据订单和座位示意图，为每位客人按点菜内容和上菜顺序摆放餐具。最先食用的菜肴使用的餐具放在最外侧,其余餐具根据菜肴内容和服务顺序依次由外向里摆放。西餐中不同的菜肴使用的餐具不尽相同(图4-3~图4-6)。

图4-3 海鲜鸡尾杯用具
左侧是鸡尾叉,右侧是茶勺

图4-4 食烟熏鱼用具
左侧放鱼叉,右侧放鱼刀,跟配柠檬角、胡椒粉

图4-5 食龙虾用具
左侧放龙虾钳、鱼叉,右侧放鱼刀、龙虾签,备一小碟放龙虾壳,洗手盅里放温水与柠檬

图4-6 食爱尔兰炖肉用具
爱尔兰炖肉放在热汤盆里端上,用餐刀、餐叉和汤勺取用,跟配胡椒、盐、辣椒油

9. 服务佐餐酒

根据客人所点的佐餐酒,按服务规范提供服务。白葡萄酒、玫瑰露酒和葡萄汽酒应冰镇,红葡萄酒用酒篮放置。先展示商标,当众开瓶,请主人品尝得到认可后,先女士后男士为客人斟倒。根据佐餐酒与菜肴的搭配规律,一般先饮白葡萄酒,配主菜时再饮用红葡萄酒。

10. 席间服务

席间服务,应贯穿于整个用餐过程。

1)撤下空的饮料杯。
2)添加冰水和佐餐酒。
3)添加黄油和面包。

4）客人席间离座，帮助拉座椅和整理餐巾；回座时，再帮助拉座椅和递铺餐巾。

11. 服务第二道菜

1）注意观察，等客人用完头盆后，征求客人意见撤盘，在客人右侧徒手连同头盆刀和头盆叉一同撤下。

2）服务人员根据点菜的示意图，服务第二道菜，报菜名。汤盅可垫用餐巾折的荷花，既美观大方又可保温。一律从客人的左侧送上调味汁。

3）客人用完第二道菜后，服务人员将餐具连同装饰盘一起撤下，餐位上只留下放置主菜的餐具、面包盘、黄油刀、黄油碟、甜品叉勺和有酒水的杯具。

12. 服务主菜

1）为烘托餐厅气氛，有些餐厅的个别主菜采用法式服务，服务人员应提前做好准备工作，由领班在客人面前进行烹制或切割装盘表演。

2）菜肴装盘时，要注意将蔬菜配菜放在主菜上方，汁酱不挂盘边。由服务人员从客人右侧上菜并报菜名，牛排、羊排应告知几成熟；放盘时主菜靠近客人，配菜在上方；跟配的色拉可用木碗或小碟盛放，摆放在主菜盘的左上方。

3）当客人全部用完主菜后，依次撤走主菜盘和刀叉，用面包滚或服务巾和面包碟将桌上面包屑清扫干净，并征求客人对主菜的意见。

13. 服务奶酪和甜点

1）先展示放有各式奶酪的展示木板或手推车，将客人所点的奶酪当场切割装盘并摆位。服务时配胡椒、盐瓶，重新分派黄油、面包和克力架，跟配冰镇蔬菜，如西芹条、黄瓜条和胡萝卜条等。

2）待客人用完奶酪后，服务人员用托盘撤下用过的餐具、面包盘、黄油盅、胡椒瓶和盐瓶等，只留下甜品叉和甜品勺及有酒水的杯子、花瓶和烛台等。

3）展示甜品车或甜品单，请客人选择。

4）摆好相应的甜品餐具，从客人右侧送上甜品。

如果客人不用奶酪，则直接服务甜品。个别甜品的制作过程（如苏珊特饼和火焰香蕉等）可以在客人面前表演。

14. 服务咖啡或茶

1）问清楚客人喝咖啡还是茶。根据需要送上糖缸、奶壶或柠檬片，摆放好咖啡具或茶具，再用咖啡壶或茶壶斟倒。

2）有些西餐厅还提供爱尔兰咖啡、皇室咖啡等，服务人员可以在客人面前展示制作过程，以渲染餐厅气氛。

3）服务人员用托盘撤下用完的甜品餐具，并将咖啡或茶杯移至客人面前，随时添加咖啡或茶。

15. 服务餐后酒

1）展示餐后酒车，询问主人是否餐后食用利口酒、白兰地。

2）为客人斟倒利口酒或白兰地，并随后开列订单。

16. 结账

1）客人用完餐，准备账单，当客人示意结账时，按规范和客人的要求办理结账手续。

2）有些客人要求分单结账，因此在点菜时和服务过程中，应准确记录每位客人的点单内容，以便迅速和准确地为各位客人办理结账手续。

3）真诚致谢。

模拟对话：

客人：你好，结账。

服务人员：请问您是付现金还是用信用卡？

客人：我能将餐费计入房费吗？

服务人员：先生／女士，您能告诉我您的房号并出示您的房卡吗？

客人：好的。

服务人员：谢谢。请稍等。

这是您的账单。请您在这儿签名。

客人：好的。

服务人员：非常感谢。希望再次为您服务。

结账服务

G：Waiter, bill please.

W：Would you like to pay in cash or by credit card?

G：Shall I charge this to my room?

W：Excuse me, sir/madam. May I have your room number and room card?

G：OK.

W：Thank you. Wait a moment please.

Excuse me, Here is your bill.

Would you please sign your name here?

G：All right.

W：Thank you very much. We hope to see you again.

17. 热情送客

1）客人起身离座时，服务人员要帮助客人拉座椅、穿外套，并提醒客人带上自己的物品，礼貌致谢和欢迎再次光临。

2）送客人至餐厅大门，鞠躬道"再见"或"晚安"。

18. 清理台面

1）整理餐椅，清点餐巾。

2）用托盘清理台面，将用过的餐具送至洗碗间分类摆放。

3）换上干净台布。

4）做好餐厅结束工作。

（三）自助餐服务

自助餐服务是当前较流行的一种服务方式。人们很容易将自助餐厅与冷餐会混为一谈，其实自助餐厅的接待对象是零散客人或团体客人，价格实惠、品种丰富并节省时间。冷餐会的接待对象为宴会客人，相对于自助餐来说具有菜肴丰盛、气氛热烈、消费较高的特点。但两者的服务方式相近，冷餐酒会就是一种以自助餐形式提供的宴会。

1. 自助餐台设计

自助餐台（图4-7）也叫食品陈列台，可以安排在餐厅中央、靠墙或餐厅角落；可以摆成完整的大台或由一个主台和几个小台组成。自助餐厅的食品台往往精心设计，要求与餐厅整体布局相呼应，可用大理石砌成固定食品台或用餐台搭成。具体要求如下：

（1）美观醒目

自助餐台要布置在餐厅的显眼位置，灯光直射，使客人一进餐厅就能看见。食品摆放要有立体感，色彩搭配合理，装饰美观大方。

（2）方便客人

自助餐台摆设的高度和空间要方便客人取用，同时照顾客人取菜的习惯流向，避免拥挤。

（3）主题装饰

自助餐台的装饰应与餐厅主题交相辉映，可以摆设黄油雕塑、冰雕、工艺品等，突出餐厅主题，烘托气氛，体现饮食文化。

图4-7 自助餐台

2. 食品台布置

食品台的布置要求立体感强、方便取菜和主题鲜明。

1）客人取菜用的餐盘摆放在取菜流向的开始处，即自助餐台最前端，一般20个餐盘一叠，码放整齐，不要堆得太高；冷菜用冷盘，取热菜的盘子应加热保温。

2）以色拉、开胃菜、汤、热菜、烤肉、甜点和水果等客人取用习惯为顺序摆放食品，冷菜、热菜和甜点可以分开设台或集中摆放。其中，特色菜肴和成本较高的食品还可以单独陈列，从而为客人现场烹制、切割或分派等，体现特别服务。

3）热菜用保温锅盛放，客人取菜时由服务人员揭开盖子或客人自揭保温锅盖取菜。

4）每种菜肴都要摆放取菜的公共用具、中英文对照的菜牌和配菜用的调味品。

5）摆放菜肴时注意色彩搭配、立体感强和美观诱人。

6）食品台中央最高处、背景处或醒目位置，还可以摆放黄油雕、冰雕、工艺品和装饰物点缀烘托气氛。

3. 餐桌摆放

冷餐酒会可以分为立式或坐式，而自助餐厅通常设座位，其台面可以按零点餐厅摆放。主要用具如下：

1）冷菜用具：头盆刀和头盆叉。

2）热菜用具：汤勺、餐刀和餐叉。

3）甜点用具：甜品叉和甜品勺。

4）其他用具：面包盘、黄油刀、餐巾、冰水杯、胡椒瓶、盐瓶和花瓶等。

4. 自助餐厅服务程序

（1）餐前准备

1）按要求着装，按时到岗。

2）按要求和规范做好环境卫生。

3）擦拭和检查各类餐具和器具。

4）备足开餐时所需的调味品。

5）装饰布置自助餐台。

6）按规范摆放食品和摆台。

7）参加餐前会。

8）以站立的姿态恭候客人光临。

（2）开餐服务

1）主动问候客人，拉座椅让座。

2）询问客人喝何种酒水。有些自助餐厅餐费含规定的软饮料，如果想喝规定以外的酒水则需另付费；有些自助餐厅餐费不含任何饮料。

3）开单取饮料，提供酒水服务。

4）指示客人取菜，遇到行动不便的客人，征求意见并为其取食物。

5）巡视服务区域，随时为客人提供服务，如添加酒水，撤空盘、空瓶、空罐等。

6）客人用完甜点后，要及时询问客人是否需要咖啡或茶，并及时为客人提供服务。

（3）自助餐食品台值台服务

一般由固定的服务人员或厨师负责食品台值台服务。

1）保持台面清洁卫生。

2）不断补充食品，保证用餐过程中食品不短缺。

3）检查食品的温度，保证热菜要烫，冷菜要凉。

4）介绍推荐菜肴，回答客人提问。

5）帮助客人取递食品，分切大块烤肉或现场烹制等。

（4）结账

一般社会自助餐厅实行客人进餐厅先付费的制度。饮料是包含在餐费中的，如用规定以外的酒水需现付或最后付费。旅游酒店通常是等客人用完餐后再付费，等客人示意结账后，迅速准备账单，并按规范为客人办理结账手续。

（5）热情送客

客人离座，服务人员迅速帮助客人拉开座椅，并提醒客人带好随身物品，并礼貌致谢，欢迎下次光临。

（6）结束工作

1）将食品台上可回收利用的食品整理好，撤回厨房。

2）妥善保存自助餐食品台的装饰品。

3）清理餐桌。

4）清洁卫生。

5）关空调、关灯、关门等。

（四）客房送餐服务

客房送餐服务是酒店为方便客人、增加收入、体现酒店服务水准而提供的服务项目。客房送餐部通常为餐饮部下属的一个独立部门，一般提供全天24小时或不少于18小时的服务。服务内容有早餐、午餐、下午茶、晚餐、夜宵、点心、水果、各种饮料和酒类、房内酒会等。客房送餐部通常由电话预订组和送餐组组成，负责将客人预订的食品、饮料等送到客人房间并提供用餐服务。

客人预订客房送餐方式主要有两种：第一种是从客房里的早餐门把手菜单上预订。客人根据自己的需要在门把手菜单上直接点菜，客房送餐服务人员在指定的时间内收集菜单。第二种是客人通过电话预订，临时通知客房送餐部送食品、饮料进客房。无论采取哪种方式送餐，服务人员必须保证准时、准确无误地将客人所点的食品、饮料送入客房，并以热情、有效的服务使客人满意。

1. 客房送餐服务的内容

（1）饮料服务

1）冷饮料服务。冷饮料包括汽水、果汁、可乐等。客人在房间点冷饮料时，客房送餐服务人员要将冷饮料和杯具送到客人房内并将饮料倒入杯中。

2）热饮料服务。热饮料包括咖啡、红茶、牛奶等。客人在房间点热饮料时，客房送餐服务人员必须将方糖、袋糖、茶匙、垫盘一同备齐后与热饮料一道送至客人房间。在端送时，应越快越好，以保持饮料的温度。

3）酒类服务。酒类包括开胃酒、烈性酒、葡萄酒、香槟酒等。服务人员应为重要的客人在客房内配备酒水车。

（2）食品服务

1）早餐服务。提供欧陆式、英式、美式和零点式早餐。

2）午餐、晚餐服务。提供烹调较为简单、快捷的午餐和晚餐服务。

3）点心服务。提供三明治、面条、饺子、甜点和水果等点心服务。

（3）特别服务

1）总经理赠送给酒店重要客人的花篮、水果篮、巧克力礼篮、高档礼品书籍、欢迎卡等，由客房送餐部负责在客人到店前送入房间，并按规范放置在适当的位置，以示对客人的欢迎。

2）送给重要客人的生日礼物，如鲜花、蛋糕、酒品、礼物等，由客房送餐部派人送入房内。

3）与客房部协作给全部或部分住店客人赠送节日礼品。

4）为住店客人承办房间酒会。房间酒会大体可分为生日酒会、庆祝酒会、欢迎酒会、饯行酒会等。

5）与酒水部员工协作，共同做好行政楼层、贵宾酒廊的接待服务工作。

2. 客房送餐订餐服务

（1）收集早餐门把手菜单

1）客房送餐部应派夜班服务人员到楼层收取订单。通常夜间1:00收一次，凌晨4:00再收一次。

2）收集门把手菜单时，按房间号由小到大顺序收集并排列（应注意核对房间号码）。

3）收集完毕后，再按房间号从大到小的顺序返回起点沿途检查有无遗漏的订单。

4）订餐员核对服务人员所记房间号码是否与客人所写房间号码一致。

5）将订餐时间、房间号码、数量和特殊要求抄写在订餐记录单上。

6）订餐员提前打印出账单，交给当班领班。

（2）电话订餐程序

1）电话铃响三声以内接听电话，必须使用服务敬语，要求态度热情、语调温和、音色优美、音量适中、用语准确。

2）聆听客人预订的要求，掌握客人订餐的种类、数量、人数和特殊要求，并及时做好记录，解答客人的提问。

3）主动向客人推荐、说明客房送餐服务的内容，介绍当天推荐的食品，描述食品的数量、原料、味道、辅助配料及制作方法等。

4）复述客人预订的要求，得到客人确认以后，告诉客人等候的时间，并致谢。

5）待客人挂断电话以后，方可放下听筒。

6）开好订菜单（一式三联），在订单上写上接听时间，分别送至相关厨房和酒吧（如客人需要酒水和饮料），留存一联，以便为客人准备账单。

7）若客人需要特殊食品或有特殊要求，需附文字说明，将文字说明连同订单一同送往厨房，必要时再向厨师长当面说明。

8）在客房送餐服务记录本上记录订餐情况，包括订餐客人的房间号码、订餐内容、订餐时间、送餐服务人员的姓名、账单号码等。

3. 客房送餐服务程序

（1）餐前准备

1）准备送餐用具，包括托盘、送餐车、保温箱等。

2）根据客人订餐的种类和数量，按规范布置托盘和送餐车，备好餐具及布件等用品。

3）备好账单，领取客人所订的食品、饮料。

4）送餐服务人员检查自己的仪容仪表。

（2）检查核对

1）客房送餐部领班认真核对菜肴、酒水与订单是否相符，检查菜肴、点心的质量是否符合标准。

2）检查餐具、布件及调味品是否洁净，有无破损。

3）检查从接订、备餐至送餐时间是否符合标准或在客人要求的时间内完成送餐。

4）检查送餐服务人员的仪容仪表。

5）对于重要客人，领班应与送餐服务人员一起送餐进房，并提供各项服务。

（3）送餐至客房

1）送餐途中，保持送餐用具平稳，避免食品或饮品从容器中溢出。

2）食品、饮品需加盖，确保卫生；热菜用保温箱盛载，保温箱置于送餐车台面下的框架上。

3）使用酒店规定的通道或电梯送餐。

4）核对房号，按门铃后礼貌地说："您好，客户服务！"然后离房门约一步站立，等候客人开门。

（4）房内用餐服务

1）客人开门后，服务人员应微笑着向客人问好，并以姓名称呼客人，待客人允许后，致谢进入客房。

2）礼貌地征求客人的用餐位置。

3）按照客人的要求安排用餐位置，依据订餐类型和相应规范进行客房内的用餐服务。如果用托盘送餐，要在征求客人的意见后把托盘放在恰当的位置；如果用送餐车送餐，应先征求客人的意见，把车推进房间放在合适的位置；然后打开送餐车，整理食品，布置餐车台面，并从保温箱中取出食品，按用餐规格摆放。在一切都做妥后，揭开餐盘保温盖，介绍菜名，并询问客人是否有其他需要。如果客人还有其他需要，应尽量满足客人。

4）结账。服务人员应双手持账单夹上端将账单和笔递给客人；客人签完字后，向客人致谢；再次询问客人是否有其他要求，如果客人用现金或信用卡等方式结账，则按照相应的程序和标准为客人准确迅速地结账。

（5）道别

恭祝客人用餐愉快；礼貌地提示客人，若用餐后需送餐员收餐具，请拨打客房送餐部的电话；离开房间时，应面朝客人退步走，轻轻关上房门。

（6）收餐

检查预订记录，确认房间号码。通常订餐员在早餐 30 分钟后，午晚餐 60 分钟后，如未接到客人的收餐电话，则可打电话询问客人的用餐情况、食品质量情况；送餐员进入房间收餐，要求同进房程序。收餐时，若客人在客房，动作要轻，速度要快，并迅速检查餐具是否有遗失。提问时，要讲礼貌，并善于与客人沟通，询问客人是否有其他要求，然后道别。当客人不在房间时，请楼层服务人员开门，及时将送餐车、托盘、餐盘等用具撤出。服务人员在收餐具时，要注意整理托盘、桌子上的脏东西，以保持客房内的清洁卫生。要清点从房内收出来的餐具，及时检查有无破损并送洗，不可滞留在楼道中。

（7）结束工作

在预订记录上注销预订，写明离房时间。将客人签过字的账单交总台结账或由订餐员办理结账手续。带回的脏餐具送洗碗间清洗并清点登记。清洁送餐车、保温箱、托盘等用具用品；领取物品，为下一次送餐服务做好准备。

4.客房送餐服务注意事项

1）无论是门把手菜单服务，还是电话订餐服务，都必须使用服务敬语，要"请"字当头，"您"字领先，"谢谢"结尾。

2）在接受客人订餐时，要听清客人的要求，做好记录，并向客人复述订单内容。

3）将订单及时输入计算机，打印出账单，认真核对，做到准确无误。

4）夜班订餐员接到客人的早餐订餐后，通知送餐员做好送餐的各项准备工作，确保在规定时间内将早餐送到客人房间。

5）如有增菜、减菜的情况，要立即与负责人联系。如账单有出入需要改动，须经负责人的同意。

案例情境

某酒店西餐厅,史密斯先生和女友来共进晚餐。服务人员小陈上前为两位客人拉座椅让座。两位客人各自点菜后,让小陈介绍用哪种葡萄酒佐餐。小陈立即送上酒水牌,并介绍多种佐餐葡萄酒的产地和特点。史密斯先生觉得一款德国产的白葡萄酒比较合适,小陈告诉客人那款酒属于甜型酒,佐餐用干型或半干型的更好一些,然而史密斯先生决定订此款酒。小陈按照酒水服务的程序备酒—示瓶—开瓶,并在史密斯先生的酒杯中斟了少许,请他品尝,史密斯先生尝了一口,皱起眉头说:"这酒太甜了。"又问:"是否可以换一瓶半干型的白葡萄酒?"小陈建议道:"如果您同意,我现在可以为您再拿一瓶半干型白葡萄酒,这瓶已开的酒先放在这里,您可以饭后吃甜食时再享用。"史密斯先生对这一建议连连称道,露出了满意的笑容。

案例思考: 为什么史密斯先生对这一建议连连称道?

任务实训

为了更深入地了解餐饮服务,请以小组为单位完成以下实训任务:

1. 到酒店西餐厅等进行参观,了解西餐厅服务的步骤、注意事项。
2. 分角色扮演,小组模拟西餐厅服务。

任务三　中餐宴会服务

任务目标

1. 了解宴会的种类，准备相应的服务工作。
2. 了解预定宴会人员的信息及需求。

相关知识

一、宴会的种类及预订

宴会，是政府机关、社会团体、企事业单位或个人为了表示欢迎、答谢、祝贺以及庆贺重大节日等而举行的一种隆重、正式的餐饮活动。

现代宴会是最高级的餐饮形式，也是餐饮文化的综合表现形式。宴会活动经营有活动方式多样性、消费标准差异性、涉及范围广泛性和消费过程享受性的特点。

宴会在酒店餐饮经营中的重要意义主要表现在：它是餐饮部经济收入的重要来源之一；它是发展烹调技术、培养厨师技术力量的最佳时机；它是衡量酒店管理水平的重要标志；它是提高酒店声誉、增强酒店竞争能力的重要条件。因此，每个酒店都非常重视宴会的促销和服务管理，尽可能满足客人提出的要求，为他们提供尽善尽美的服务。

（一）宴会的种类

从不同角度看，宴会有不同的种类。按宴会菜式划分，可分为中餐宴会、西餐宴会及国宴；按宴会性质划分，有国宴、正式宴会、便宴、喜宴、寿宴、家宴；按菜食酒类和用餐方式划分，有传统宴会、冷餐宴会、鸡尾酒会、自助餐宴会等。

1. 中餐宴会

中餐宴会是中国传统的聚餐形式。宴会遵循中国的饮食习惯，以饮中国酒、吃中国菜、用中国餐具、行中国传统礼仪为主，装饰布局、台面布置及服务等无不体现中国的饮食文化特色。

2. 西餐宴会

西餐宴会是按照西方国家的礼仪习惯举办的宴会。它的特点是遵循西方国家的饮食习惯，采取分食制，以西餐为主，使用西式餐具，讲究酒水与菜肴的搭配，布局、台面布置和服务等具有鲜明的西方特色。

3. 国宴

国宴是国家元首或政府首脑为国家庆典或为欢迎外国元首、政府首脑而举行的正式宴会。这种宴会规格最高，不仅由国家元首或政府首脑主持，还由国家其他领导人与有关部门的负责人及各界名流出席，有时还邀请各国使团的负责人及各方面人士参加。国宴厅内悬挂国旗，安排乐队演奏两国国歌及席间乐，席间有致辞或祝酒。国宴的礼仪要求特别严格，安排特别细致周到，宴会厅布置体现庄重、热烈的气氛。

4. 正式宴会

正式宴会通常是政府和团体等有关部门为欢迎应邀来访的客人或来访的客人答谢主人而举行的宴会。正式宴会除不挂国旗、不奏国歌及出席规格不同外，其余安排与国宴大体相同。有时要安排乐队奏席间乐，宾主按身份排位就座。许多国家的正式宴会十分讲究排场，在请柬上注明对宾客服务的要求，对餐具、酒水、菜肴道数、陈设及服务人员的装束仪态要求都很严格。

5. 便宴

便宴是非正式宴会，常见的有午宴、晚宴，也有早宴。这类宴会不拘严格的礼仪，随便、亲切，可以排座位，不进行正式讲话，菜肴数量也可多可少，多用于招待亲朋好友、生意伙伴等。便宴虽轻松和自由但仍不失礼仪和风度，只是没有特定的主题和较为重要的背景，只要参加宴会者心情舒畅即可。

6. 冷餐宴会

冷餐宴会的特点是不排座位，菜肴以冷食为主，可以上热菜，可以中菜、西菜和中西菜结合，菜肴要提前摆在食品台上，供客人自取，客人可自由走动，多次取食，酒水可陈放在桌上，也可由服务人员端送。冷餐会既可在室内，也可在花园举行，可设小桌、椅子，客人自由入座，也可以不设座位，站立进餐。根据宾主双方的身份，冷餐宴会的规格和隆重程度不同，举办时间一般在12：00—14：00或16：00—20：00。冷餐宴会多为政府部门或企业界举行人数众多的盛大庆祝会、欢迎会、开业典礼等活动所采用。我国举行的大型冷餐宴会，一般用大圆桌设座椅，主宾席排座位，其余各席不固定座位，食品和饮料均是先备好放置在桌上，宴会开始后自助进餐。

7. 鸡尾酒会

鸡尾酒会是具有欧美传统的集会交往形式。鸡尾酒会以酒水为主，略备小吃食品，形式较轻松，一般不设座位，没有主宾席，个人可随意走动，便于广泛接触交谈。食品主要有三明治、点心、小串烧、炸薯片等，客人用牙签取食。鸡尾酒和小吃由服务人员用托盘端上，或放置在小桌上。酒会举行的时间较为灵活，中午、下午、晚上均可，有时也在正式宴会开始之前举行，主人往往会在请柬上注明整个活动延续的时间，客人可在其间任何时候到达或退席，来去自由，不受约束。

8. 茶话会

茶话会又叫茶会，是一种非常经济简便、轻松活泼的宴会形式，多为社会举行纪念和庆祝活动所采用。会上一般备有茶、点心和各种各样的风味小吃、水果等。茶话会所用的茶叶、茶具要因时、因事、因地、因人而异，客厅也应布置得幽静、高雅、整洁，令人耳目一新。

（二）宴会预订

1. 宴会销售预订人员的选择

宴会销售预订是一项专业性很强的工作，宴会销售预订员代表酒店与外界洽谈和推销宴会。因此，应挑选有多年餐饮工作经历、了解市场行情和酒店各项政策、应变能力强、专业知识丰富的人员承担此项工作。具体来说，宴会销售预订人员应具备以下知识和技能：

1）要了解各宴会场所的面积、设施情况并懂得如何对客人要求做出反应。

2）要清楚本酒店各类菜肴的加工过程、口味特点，针对季节和人数变动，提出对菜单做相应调整的建议。

3）要了解各个档次宴会的标准售价、同类酒店的价格情况，并有应付讨价还价的能力。

4）要具备本部门宴会服务人员的专业素质、工作能力等。

5）要熟悉与具体宴会菜单相配合的酒水。

6）要能解答客人就宴会安排提出的各种问题。

2. 宴会预订的联络方式

所有宴请活动的承接工作可以由营销部和宴会部负责，但宴请活动的最后确认和宴会厅的安排要由宴会部经理批准执行。宴会预订的联络方式如下：

（1）电话预订

电话预订是酒店与客户联络的主要方式。这种方式常用于小型宴会预订、查询和核实细节、促进销售等。大型宴会需要面谈时也可通过电话约定会面的时间、地点等。

（2）面谈预订

面谈预订是宴会预订较为有效的方法。这种方式多用于中高档大型宴会、会议型宴会等重要宴会的预订。宴会销售预订员与客户当面洽谈讨论所有的细节安排，解决客户提出的特别要求，讲明付款方式，填写订单，记录客户信息资料等，以便以后用信函或电话方式与客户联络。

（3）传真预订

所有客户传来的询问信都必须立即做出答复，并附上建议性的菜单，此后，以信函或面谈的方式达成协议。

（4）网络预订

网络预订是信息时代网络普及后新增的一种预订方式，网上订餐不仅方便了客户，同时也让宴会部争取到更多客源。

要做好宴会预订工作，宴会销售预订员必须采取灵活多样的方式，一是请进来，二是走出去，不能静等客户上门，必须积极主动推销：一方面主动向客户介绍情况，设法满足客户的需要；另一方面，想方设法吸引客户，争取客源。

3. 宴会预订常用的表格

（1）宴会预订单

宴会部在接受客户预订时，应将洽谈事项、细节要求等填写在预订单上，以备组织实施。

设计宴会预订单（表4-1）必须包括下列项目：

1）宴会活动的日期、时间。

2）计划安排的宴会厅名称。

3）预订人姓名、联系电话、地址、单位名称。

4）宴请活动的类型。

5）出席人数。

6）菜单项目、酒水要求。

7）收费标准及付款方式。

8）上述事项暂定的或确认的程度。

9）注意事项。

10）接受预订的日期、经办人姓名。

表4-1　宴会预订单

宴会名称_____
联系人姓名_____　电话号码_____　地址_____
公司（单位）名称_____
举办日期_____星期____时间____时至____时
宴会形式_____　收费标准_____元/桌或元/人
付款方式_____　其他费用_____
预订人数_____　保证人数_____
餐台数_____　酒水要求_____
一般要求： 菜单_____　名卡_____席位卡

续表

会议用具： 投影仪_____　幻灯机_____　放映机_____　银幕_____　翻图板_____ 白板_____　讲台_____　铅笔/钢笔/记事本_____ 横幅_____　录像设备_____　扩音器_____　接待台_____
娱乐设施： 舞板_____　鲜花_____　聚光灯_____ 照相机_____　麻将桌_____　卡拉OK机_____
备注：_____
订金_____
接洽人_____　核准人_____
日期_____　日期_____
发送部门： 前厅部□　客房部□　安全部□　公关部□　总机□　餐饮部经理□　总经理室□　财务部□ 管事部□　工程部□　宴会厅□　酒吧□　厨房□

2. 宴会合同书

宴会合同书（表4-2）是酒店与客户签订的合约书，双方均应严格履行合同的各项条款。

表4-2　宴会合同书

本合同是由_____酒店（地址）_____
与_____公司（地址）_____
为举办宴会活动所达成的具体条款： 活动日期_____　星期_____　时间_____ 活动地点_____　菜单计划_____ 饮　料_____　娱乐设施_____ 其　他_____　结账事项_____ 预付订金_____ 顾客签名_____　酒店经手人签名_____ 日　期_____
注意事项： * 宴会活动所有酒水应在餐厅购买。 * 大型宴会预收10%订金。 * 所有费用在宴会结束时一次付清。

（3）宴会安排日记簿

宴会安排日记簿（表4-3）是酒店根据餐饮活动场所设计的，作用是记录预订情况，供预订员查核。"宴会安排日记簿"一日一页，主要项目有宴请日期、时间、联系人地址和电话、人数和宴会厅名称、活动名称、是确定还是暂时预订等。

表 4-3　宴会安排日记簿

_____年___月___日　星期___

厅房	预订	确定	时间	宴会形式	人数	联系人地址、电话	特别要求
A厅			早				
			中				
			晚				
B厅			早				
			中				
			晚				

4.宴会预订的程序

（1）接受预订

热情接待每位前来预订宴会的客户。在客户询问前，宴会销售预订员应掌握本酒店宴会厅的状况（如宴会厅的面积、高度、采光、通风、装饰、最大客容量、各类宴会标准所提供的菜肴品种、烹调方法等），做到心中有数。

在洽谈宴会业务时，按照宴会预订单的内容向客户了解所有细节，尽量满足客户的各种要求。

（2）填写宴会预订单

根据面谈细节得到的信息逐项填写清楚宴请人的单位名称，被宴请人的单位名称，宾主身份，宴会的时间、标准、人数、场地布置要求、菜肴饮料要求等。

（3）填写宴会安排日记簿

在宴会安排日记簿上填写清楚活动地点、时间、人数等事项，注明是否需要确认的标记。

（4）签订宴会合同书

一旦宴会安排得到确认，经过认可的菜单、饮料、场地布置示意图等细节资料，应以确认信的方式迅速送交客户，并附上一联、二联宴会合同书，经双方签字后生效。

（5）收取订金

为了保证宴会预订的成功率，可以要求客户预付订金。酒店的常客或享有良好信誉者，可以不必付订金。

（6）跟踪查询

如果是提前较长时间预订的宴会，宴会销售预订员应主动与客户保持联络，并进一步确定宴会举办日期及有关细节。对暂定的预订，应进行密切跟踪查询和服务。

（7）确认和通知

在宴请活动前几天，必须设法与客户取得联系，进一步确定已谈妥的所有事项，确认后提前填写"宴会通知单"送往各有关部门；若确认的内容与原预订有异，应立即填写"宴会变更通知单"发送有关部门,变更通知单应注明预订单的编号。

(8) 督促检查

宴会销售预订员在活动举行的当日应督促检查大型宴会活动的准备工作,发现问题并及时纠正。

(9) 取消预订

如果客户取消预订,宴会销售预订员应填写"取消预订报告"送至有关职能部门,致函或当面向客户表达不能向其提供服务的遗憾,希望今后能有合作的机会。

(10) 信息反馈并致谢

宴请活动结束后,应主动向宴请主办单位或主办个人征求意见,发现问题及时补救改进,并向他们表示感谢,以便今后加强联络。

(11) 建立宴会预订档案

将客户的有关信息和活动资料整理归档,尤其是客户对菜肴、场地布置等的特殊要求;对常客,更要收集详细资料(如场地布置图、菜单、有关信件等),以便下次提供针对性服务。

二、中餐宴会准备工作

(一) 宴会厅布局

宴会厅布局设计是指酒店根据客户宴会主题、参加人数、接待规格、习惯禁忌、特殊需求,以及宴会厅的结构、形状、面积、光线和设备等情况设计宴会的布局,目的是合理利用宴会厅、突出宴会主题、体现宴会的规格标准、烘托宴会的气氛、方便客人就餐和席间服务人员的服务。

1. 台形布局

(1) 中餐宴会台形布局原则

中餐宴会一般采取"中心第一、先右后左、高近低远"的原则(图4-8)。

1)中心第一,是指布局时要突出主桌。主桌放在上手中心,以突出其设备和装饰。如主桌的台布、餐椅、餐具的规格可以高于其他餐桌,或主桌的餐台大于其他餐桌,或突出主桌的花台等。

2)先右后左是国际惯例,即主人右席的地位高于主人左席的地位。

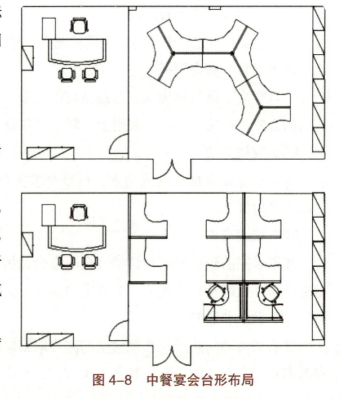

图 4-8 中餐宴会台形布局

3）高近低远，是指按被邀请客人的身份安排座位，身份高的离主桌近，身份低的离主桌远。

（2）主桌或主宾席区、讲台和表演台布局原则

1）主桌或主宾席区位于宴会厅的上手中心。根据主桌的人数，其台面直径可以大于一般席区的餐桌，也可以与其他台面一致。较大的台面可由直径180 cm的标准台面和1/4弧形台面组合而成。主桌通常采用考究的台布、桌裙、椅套和高档餐具增加台面的感染力。

2）根据宴会主办单位的要求及宴会的性质、规格等设置主宾席区、讲台或表演台。例如，在主桌后面可用花坛屏风、大型盆景、绿色植物或各种形式的美工装饰布置背景，以突出宴会的主题；致辞用的讲台通常放在主桌的左侧位置，即主人餐位的右后侧，方便主人或主宾致辞祝酒；如有演出，应设抬高的表演舞台等。

（3）工作台布局原则

其余各桌依照服务区域的划分，酌情设立工作台。宴会围桌裙，放在餐厅的四周，既方便操作，又不影响整体效果。

2. 座次安排

宴会座次安排，即根据宴会的性质、主办单位或主人的特殊要求，根据出席宴会的客人身份确定其相应的座位。座次安排必须符合礼仪规格，尊重风俗习惯，便于席间服务。

（1）10人正式宴会座次安排

台面置于厅堂正面，主人位于正对门的方向，副主人与主人相对而坐，主人的左右两侧分别安排主宾和第二宾，副主人的左右两侧分别安排第三宾、第四宾的座次，主宾、第三宾的右侧为翻译的座次。有时，主人的左侧是第三宾，副主人的左侧是第四宾，其他座位是陪同翻译席。10人正式宴会座次安排如图4-9所示。

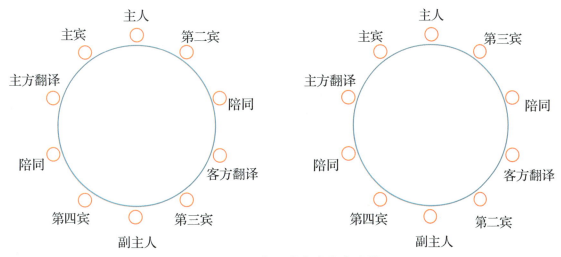

图4-9　10人正式宴会座次安排

（2）婚宴和寿宴

婚宴和寿宴的座次安排，应遵循我国传统的礼仪和风俗习惯，一般原则是"高位自上而下，自右而左，男左女右"。

（3）大型中餐宴会

大型中餐宴会座次安排的重点是确定各桌的主人位。以主桌主人位为基准点，各桌主人位的安排有以下两种方法。

1）各桌主人位置与主桌主人位置相同并朝向同一个方向（图4-10）。

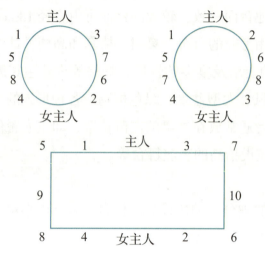

图4-10 大型中餐宴会座位安排之一

2）各桌主人位置与主桌主人位置遥相呼应。具体地说，台形（图4-11）的左右边缘桌次主人位相对并与主桌主人位成90°，台形底部边缘桌次主人位与主桌主人位相对。其他桌次的主人位与主桌的主人位相对或朝向同一方向。

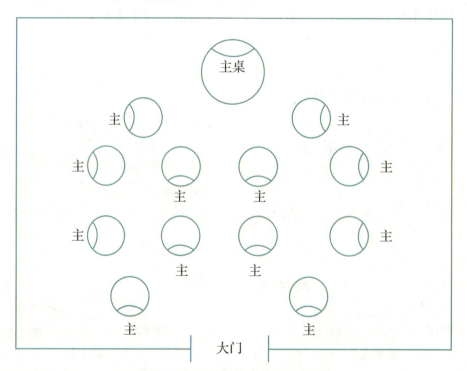

图4-11 大型中餐宴会座位安排之二

大型中餐宴会座次的具体安排，通常由主办单位提供主人和参加者的身份、地位、年龄等信息，由酒店填写和安排席位卡。席位卡填写要求字迹清楚，可用毛笔、钢笔书写或打印，一般中方宴请则将中文写在上方，外文写在下方；若外方宴请，则将外文写在上方，中文写在下方。大型宴会一般预先将客人桌号打印在请柬上，同时在宴会厅入口处放置宴会桌次安排平面示意图，以便客人抵达时根据告示牌上的平面示意图、请柬上的桌号和座次卡迅速找到自己的座位。

（二）宴会餐台布置

宴会餐台应根据宴会的主题布置装饰，原则是美观大方、主题鲜明、方便就餐和服务便利。

1. 准备工作

根据宴会的规格和规模准备各种餐具用品。

1）洗净双手。

2）领取各类餐具、台布、餐巾和桌裙等。检查台布、桌裙和餐具是否有皱褶、破洞、破损和污迹。

3）准备调味品。

4）准备服务用品。

2. 摆台

根据宴会的规格和规模设置摆台。

3. 台面装饰

中餐宴会台面装饰与宴会主题和规格密切相关，原则上要求气氛热烈、色彩搭配协调和烘托主题。常见的有以下三类：

1）骨碟垫盘。常见的有银垫盘、木雕、彩绘装饰垫盘、玻璃和玉器等，主要用于抬高和突出骨碟和渲染气氛。

2）花草。用绿色植物和鲜花装饰台面，使餐桌充满活力。

3）艺术品。摆设艺术品烘托宴会主题，如婚宴摆放双喜剪纸、红枣、花生、桂圆和莲子等，烘托婚宴喜庆的气氛；以大海为主题的宴会，用蓝色台布、珊瑚、海螺和贝壳装饰台面；寿宴可用寿桃、老寿星和松枝装饰台面；主桌还可以请美工准备观赏台等。

（三）宴会菜单

中餐宴会菜单是根据宴会收费标准、来宾的国籍、信仰、生活习惯、口味特点和宴请单位或个人的要求特别编排的，规格一般为 12 cm×21 cm。

中餐宴会菜单可以作为纪念品让参加宴会的客人带走，所以要求封面设计精美，菜肴名称与主题相符，菜单打印或手抄应字迹清楚，封底应有酒店宣传资料等。这样做既为参加宴会的客人提供宴会菜肴品种、上菜顺序等信息，又给客人留下美好的回忆，同时起到宣传的作用。

1. 婚宴菜单（内地）

一般要求菜肴取名根据原料的特征、谐音和寓意来进行，以突出婚礼吉祥和祝愿美满的主题，示例如下：

婚宴菜单

四海同歌韵和鸣——龙凤拼盘

鸾凤喜映神仙池——迷你佛跳墙

百年好合锦玉带——玉环鸳鸯贝

海誓山盟龙凤配——蒜蓉蒸龙虾

月老红线牵深情——红烧刺参扣鱼肚

比翼双飞会鹊桥——金钱鸡拼酿鸡翅

天长地久庆有余——糖醋煎鱼

纱窗绣幕鸳鸯枕——什锦蔬菜

同心齐谱金缕曲——红爵米糕

七夕佳偶牵手心——鱼丸汤

花团锦簇并蒂莲——团圆莲子露

馥兰馨果合家欢——环球水果盘

2. 婚宴菜单（港澳地区）

港澳地区婚宴菜单示例如下：

金银鲜带子

Sauted and Deep Fried Fresh Scallops

脆皮明虾卷

Deep Fried Prawn Rolls

发财瑶柱甫

Braised Whole Conpoy with Sea Moss

鸡丝烩生翅

Braised Shark's Fin with Chicken

鹿根鲜鲍甫

Sliced Abalone Braised with Tendon

清蒸双海斑

Steamed Twin Garoupas

当红脆皮鸡

Deep Fried Crispy Chicken

锦绣鸳鸯饭

Fried Rice with Diced Shrimps and Chicken in Tomato and White Sauce

上汤鲜水饺
Shrimp Dumplings in Bouillon

团圆核桃露
Mashed Walnut Cream with Sesame Dumplings

永结佳同心
Chinese Petits Fours

3. 寿宴菜单

菜单安排考虑寿星的爱好和需要，围绕"寿"字做文章，突出表现敬老爱幼、家庭和睦、享受天伦之乐的宴饮主题。示例如下：

冷菜

主盘

松鹤延年（以香菇黄瓜拼成松树，以鸡脯、蛋白、黄瓜拼成仙鹤）

围碟

五子献寿（5种果仁镶盘）

四海同庆（4种海鲜镶盘）

玉侣仙班（芋莎鲜蘑）

三星猴头（凉拌猴头菇）

热菜

儿孙满堂（鸽蛋扒鹿角菜）

天伦之乐（鸡腰烧鹌鹑）

洪福齐天（蟹黄油烧豆腐）

罗汉大会（素全家福）

五世其昌（清蒸帽鱼）

彭祖献寿（茯苓野鸡羹）

汤菜

甘泉玉液（人参乳鸽炖盆）

寿点

佛手摩顶（佛手香酥）

福寿绵长（伊府龙须面）

水果

寿比南山（水果拼盘）

三、中餐宴会服务规程

(一) 中餐宴会服务

中餐宴会服务分为以下环节：

1. 宴会前的组织准备工作

（1）掌握情况

接到宴会通知单后，餐厅服务人员应做到"八知""五了解"。

"八知"：知道主人身份、客人身份、国籍、宴会标准、开始时间、菜肴品种和酒水要求、主办单位或个人信息、付款方式和与主办单位的联络方式。

"五了解"：了解客人风俗习惯、客人生活忌讳、客人特殊需求、进餐方式、主宾和主人的特殊爱好等。

另外，还应掌握宴会的主题、目的和性质，有无席位卡、台形要求、司机费用等情况。

（2）宴会厅布置

中餐宴会厅（图4-12）场地的布置，应根据宴会的性质和档次来进行，要体现出既隆重、热烈、美观大方，又有中国传统民族特色。

图4-12 中餐宴会厅

举行大型隆重的正式宴会时，一般在宴会厅周围摆放盆景花草，或在主台后面用花坛屏风、大型青枝翠树盆景作装饰，用以增加宴会隆重、热烈的气氛。

中餐宴会通常要求灯光明亮以示辉煌，国宴和正式宴会不要求张灯结彩或做过多装饰，而要突出庄重、严肃、大方的气氛。宴会厅的照明要有专人负责，宴会前必须认真检查一切照明设备及线路，以保证不发生事故。

国宴活动要在宴会厅的正面并列悬挂两国国旗，正式宴会应根据外交部规定决定是否悬挂国旗。国旗悬挂按国际惯例以右为来宾方、左为东道主。我国政府宴请来宾时，我国的国旗挂在左边，外国国旗挂在右边；来访国举行答谢宴会时，则两国国旗相互调换位置。

台形布置注意突出主桌，按照台形布置原则即"中心第一，先右后左，高近低远"来设计、安排。桌椅排列要整齐，并留有客人行走和服务通道。在台形布置中还应注意一些西方国家的习惯，如不突出主台、提倡不分主次台的做法。酒吧台、礼品台、贵宾室、工作台等要根据宴会的需要和宴会厅的具体情况灵活安排。

（3）宴前会

宴会厅由经理召开宴前会，强调宴会注意事项，检查服务人员仪表，对宴会准备工作、宴会服务和宴会结束工作进行分工。

对于规模较大的宴会，要确定总指挥。在人员分工方面，根据宴会要求，对迎宾、值台、传菜、酒水供应、衣帽间及贵宾室等岗位进行具体分工，要求所有人员都有具体任务，将责任落实到人，做好人力、物力的充分准备，并保证宴会善始善终。

（4）准备物品与摆台

按宴会规格和摆台要求进行宴会摆台，并根据菜单要求准备分菜用具、各种服务用具、酒水等。

（5）熟悉菜单

服务人员应熟悉宴会菜单和主要菜肴的风味特色，以便做好菜肴服务和回答客人对菜点提出的各种疑问。同时，应了解每道菜点的服务程序，保证准确无误地进行菜肴服务。

（6）彩排

大型隆重的宴会活动，要求气氛热烈，宴会常采用干冰、焰火或蜡烛等来烘托气氛。如上第一道菜时，服务人员列队进场，菜盘中间点燃焰火，同时将宴会厅灯光熄灭，伴以节奏感强烈的进行曲，等服务人员走到规定位置后，打开宴会厅灯光，服务人员全体向客人鞠躬，再进行菜肴服务；或服务香槟时在香槟酒桶内放入干冰，列队入场，奏进行曲。为了保证活动万无一失，一般在宴会开始前进行彩排。

（7）摆放冷盘

大型宴会开始前15分钟左右摆上冷盘，然后根据情况可预先斟倒葡萄酒。冷菜摆放要注意色调和荤素搭配，保持冷盘间距相等。

（8）全面检查

组织准备工作全部就绪后，宴会负责人要对卫生、设备、物品、安全、服务人员的仪容仪表各方面做一次全面检查，以保证宴会的顺利进行。所有工作人员各就各位，面带微笑，等待客人光临。

2. 宴会前迎宾工作

（1）宴前鸡尾酒会

大型隆重的宴会活动，根据宴会主办者的要求，常为先行到达的客人准备餐前鸡尾酒服务。一般在大宴会厅接待区由服务人员托送餐前开胃酒和开胃小食品，不设座位，客人之间可以随意走动交流。

(2) 迎宾

根据宴会的入场时间，宴会负责人和迎宾员提前在宴会厅门口迎接客人，值台服务人员站在各自负责的餐桌旁准备服务。客人到达时，要热情迎接，微笑问好。将客人引入休息室就座休息。回答客人问题和引领客人时要使用敬语，做到态度和蔼、语言亲切。

3. 宴会就餐服务

(1) 入席服务

当客人来到席位前时，值台服务人员要面带微笑，拉开座椅帮助客人入座，要先宾后主、先女后男；待客人坐定后，帮助客人打开餐巾、松筷套，拿走台号、席位卡、花瓶或花插，撤去冷菜的保鲜膜。

(2) 斟酒服务

为客人斟酒水时，要先征求客人意见，根据客人的要求斟倒酒水。从主宾开始先斟葡萄酒，再斟烈性酒，最后斟饮料；葡萄酒斟七成，烈性酒和饮料斟八成。大型宴会为了保证宾主致辞和干杯的顺利进行，还可以提前斟倒。

客人干杯或互相敬酒时，应迅速拿酒瓶到台前准备添酒；主人和主宾讲话前，要注意观察客人杯中的酒水是否已准备好；在宾、主离席讲话时，服务人员应提前备好酒杯、斟好酒水，按规范在致辞客人身旁侍立，随时准备供客人祝酒。

4. 菜肴服务

根据宴会的标准、规格，按照宴会上菜和分菜的规范进行菜肴服务。可用转盘式分菜、旁桌式分菜、分叉分勺派菜和各客式分菜服务，也可以将几种方式结合起来使用。

(1) 转盘式分菜服务

1）提前将与客人人数相等的餐碟有秩序地摆放在转台上，并将分菜用具放在相应位置；核对菜名，双手将菜奉上，示菜并报菜名。

2）用长柄勺、筷子或分叉、分勺分派；全部分完后，将分菜用具放在空菜盘里。

3）迅速撤身，取托盘，从主宾右侧开始，按顺时针方向绕台进行，撤前一道菜的餐碟后，从转盘上取菜端给客人。

4）完成后，将空盘和分菜用具一同撤下。

(2) 旁桌式分菜服务

1）在客人餐桌旁放置一辆服务车或服务桌，准备好干净的餐盘和分菜用具。

2）核对菜名，双手将菜端上餐桌，示菜、报菜名并做介绍；将菜取下放在服务车或服务桌上分菜。

3）菜分好后，从主宾右侧开始，按顺时针方向将餐盘送上。

4）注意在旁桌上分菜时应面对客人，以便客人观赏。

(3) 分叉分勺派菜服务

1）核对菜品，双手将菜肴端至转盘上，展示菜并报菜名；将菜取下，左手用餐巾托垫菜盘，右手拿分菜用叉和勺。

2）从主宾右侧开始，按顺时针方向绕台进行；动作姿势为左腿在前，上身微前倾，呼吸均匀。

3）分菜时做到一勺准、数量均匀，可以一次性将菜肴全部分完，但有些地区要求分完后盘中略有剩余，并放置在转盘上。

（4）各客式分菜服务

各客式分菜服务适用于汤类、羹类、炖品或高档宴会分菜。

厨房工作人员根据客人人数在厨房将汤、羹、冷菜或热菜等分成一人一份；服务人员从主宾开始，按顺时针方向从客人右侧送上。

（5）菜肴服务的注意事项

1）上菜位置一般在陪同和翻译之间进行，也有的在副主人右侧进行，这样有利于翻译和副主人向来宾介绍菜肴口味、名称，严禁从主人位和主宾位之间或来宾位之间上菜。

2）在宴会开始前，将冷盘端上餐桌；宴会开始，等客人将冷盘用到一半时，开始上热菜。服务人员应注意观察客人进餐情况，并控制上菜的节奏。

3）上菜顺序应严格按照席面菜单顺序进行。

4）要求手法卫生，动作利落，分量均匀，配上佐料。

5. 席间服务

宴会进行中，要勤巡视、勤斟酒，并细心观察客人的表情及需求，主动提供服务。

1）保持转盘整洁。

2）客人席间离座，应主动帮助拉座椅、整理餐巾；待客人回座时应重新拉座椅、递铺餐巾。

3）客人席间站起祝酒时，服务人员应立即上前将座椅向外稍拉，坐下时向里稍推，以方便客人站立和入座。

4）上甜品水果前，送上相应餐具和小毛巾；撤去酒杯、茶杯和牙签以外的全部餐具，抹净转盘，服务甜点和水果。

5）客人用完水果后，撤去水果盘并摆上鲜花，以示宴会结束。

6. 送客服务

（1）结账服务

上菜完毕后，即可做结账准备。清点所有酒水及加菜费用并累计总数。客人示意结账后，按规定办理结账手续，注意向客人致谢。大型宴会结账工作一般由管理人员负责。

（2）热情送客

宴会结束时，服务人员要提醒客人带齐自己的物品。当客人起身离座时，服务人员应主动为客人拉座椅，以方便客人离席行走。视具体情况决定是否列队欢送或送客人至门口或目送客人。

衣帽间服务人员应根据取衣牌号码，及时、准确地将衣帽取递给客人。

7. 宴会结束工作

大型宴会的结束工作与准备工作同样重要，要求按宴会前的分工和规范进行，以提高效率，降低损耗。

在客人离席时，服务人员要检查台面上有无客人遗留的物品。在客人全部离去后，立即清理台面。先整理椅子，收拾餐巾和小毛巾，再按规范清理餐具用品并送往后台分类摆放。要当场清点贵重物品。

收尾工作结束后，领班要进行检查。宴会负责人在一般大型宴会结束后要召开总结会。待全部收尾工作检查完毕后，全部工作人员方可离开。

8. 中餐宴会服务注意事项

1）服务操作时，注意轻拿轻放，严防打碎餐具物品而破坏场内气氛。

2）宴会服务应注意节奏，不能过快或过慢，应以客人进餐速度为准。

3）当宾、主在席间讲话或举行国宴演奏国歌时，服务人员要停止操作，迅速退至工作台两侧肃立，姿势要端正，排列要整齐，餐厅内要保持安静，切忌发出响声。

4）结束后，应主动征求宾、主及陪同人员对服务和菜点的意见，礼貌地与客人道别。

5）宴会负责人要对完成任务的情况进行小结，以不断提高服务质量和服务水平。

（二）特殊问题的处理

宴会进行过程中，会遇到形形色色的人和发生一些难以预料的意外事件，宴会厅工作人员应按既定的方针和原则妥善处理。

1. 儿童客人

儿童的特点是没有耐心、好动、喜爱参与、边吃边玩和动作控制能力差。宴会中为他们服务时应提供儿童椅，并将餐桌上易碎餐具挪至远离儿童处，烫的食物提醒家长注意安全，服务要及时。注意不要随意抚摸孩子的头、脸和抱孩子，不能随便给孩子东西吃，更不能单独把他们带走。孩子离开座位在餐厅内奔跑时，应提醒家长注意孩子的安全。

2. 有残疾的客人

一般有残疾的客人自尊心都很强，宴会厅在为其提供服务时，应做到尊重、关心、体贴和适当照顾，不可有好奇的目光，注意灵活帮助他们，使他们感觉到是帮助而不是同情。对双目失明的客人，迎宾时应轻轻扶持并告知行走路线，如向左、向右等；值台服务人员应将宴会菜单内容读给他们听，分菜时，一定要把上菜的位置告知客人，并询问是否有特殊要求。对聋哑客人，应用手语或纸笔交流。

对四肢残疾的客人，应提供能挡住残疾部位的餐位，并提供恰到好处的帮助，如轮椅尽量靠墙放置；对右手不方便的残疾客人，应将筷子放在他们的左手边或提供餐勺。

3. 生病的客人

为生病的客人服务时，要镇静、迅速和妥帖。服务人员发现客人在餐厅用餐时感到不适，应立即通知上级和医务人员，保持镇静，尽量避免打扰餐厅其他客人用餐。严禁擅自送药给客人。严重者送往医院，食物原样保存留待化验。

4. 醉酒客人

对于在餐厅饮酒过度而醉酒的客人，要有礼貌地谢绝客人的无理要求，并停止提供含酒精成分的饮料，可以提供果汁、矿泉水等软饮料。遇到困难时，可以请求上级和宴会同来的其他客人的帮助。如醉酒人呕吐，应立即清理污物，并送上小毛巾和热茶，不得显出不悦的表情。如有客人醉后借机打架，打砸家具、餐具，服务人员应立即与保安部门联系，请求协助，尽快平息事态，并记下被损坏家具和餐具的数量，查清金额，请宴会同来的清醒者签字，事后要求肇事者赔偿。记录事故情况及处理结果。

5. 人数变动

当宴会临时增加人数时，应视增加的数量，摆上相应的餐具用品，可以分散插入各桌。若无法容纳，征求客人意见安排到附近适合的空宴会厅，同时通知厨房，根据最后实际人数计算总账单。

6. 突然停电

酒店应自备发电机和两路供电，尽量避免停电。如发生意外停电，应保持镇静，稳定客人情绪，并告知临时停电的情况，请勿随意走动，以免造成意外伤害；立即采取临时照明措施，如点蜡烛、点亮应急灯，并特别注意洗手间和走廊的照明。因停电给客人带来的诸多不便，可以在恢复供电后，向客人表示道歉。

7. 发生火灾

宴会厅发生火灾的原因主要有厨房的油锅着火、电线老化短路等。发生不可控制的火灾时，应注意以下几点：

1）保持镇静，并立即报告总机，初期火灾组织员工自救。

2）大声告知客人不要慌乱，听从工作人员指挥，组织客人从安全绿色通道疏散到安全区域，不能乘电梯。

3）如有浓烟，协助客人用湿毛巾捂住口鼻，弯腰行进。

4）开门前，先用手摸门检查是否有热度，不要轻易打开任何一扇门，以免造成危险。

5）疏散到安全区域后，不可擅自离开。

6）收银员应尽量保护钱款和账单的安全，以减少损失。

项目四　餐饮服务方式

案例情境

　　一对来自外地的年轻人来到酒店，希望预订婚宴，服务人员热情地拿出酒店精心制作的婚宴菜单供他们选择。年轻人提出，由于家乡的亲人会来参加他们的婚宴，因而希望能将菜单中的一些菜肴更换为他们的家乡菜。这让服务人员犯了难，在征得上级领导同意并与厨房协商之后，最终满足了这对年轻人的要求。对于如此人性化的服务，年轻人非常满意，当即决定在这里举办他们的婚宴。

　　案例思考： 为什么年轻人当即决定在这里举办他们的婚宴？

任务实训

　　为了更深入地了解餐饮服务，请以小组为单位完成以下实训任务：

　　1. 到酒店中餐厅进行参观，了解中餐厅服务的步骤、注意事项。

　　2. 分角色扮演，小组模拟中餐厅服务。

任务四 西餐宴会服务

任务目标

1. 熟悉西餐宴会场地与餐台布置要求。
2. 能够根据不同宴会菜单准备西餐餐具。
3. 掌握西餐宴会服务程序。

相关知识

一、西餐宴会准备工作

西餐宴会服务是高星级酒店为客人提供的一种较为高级的餐饮服务。有关宴会预订等内容与中餐宴会服务的要求基本相同。西餐宴会具体服务要求如下:

(一)掌握宴会情况

宴会前,各岗位服务人员应详细了解参加宴会的人数、标准、台形设计、宾主身份、举办单位或个人、付款方式、特殊要求、菜单内容和服务要求等。

(二)宴会厅布置

1. 休息室布置

西餐宴会厅休息室的布置与中餐宴会大致相同,但根据西餐习惯,最好分设男宾休息室和女宾休息室,以方便不同客人交谈。

2. 宴会厅布置

西餐宴会厅的环境布置应具有欧美文化、艺术特色,如油画、壁炉等。宴会厅所有灯具的亮度均应是可以调节的。在餐桌上还必须放上烛台,最好在烛台下放一面圆形或方形的镜子(可映射烛光以增添情趣)。

（三）台形设计

西餐宴会的台形主要有以下几种常见形式：

1. 一字形长台

一字形长台通常设在宴会厅的正中央，与宴会厅四周的距离大致相等，但应留有较充分的余地（一般应大于 2 m），以便服务人员操作。

2. U 字形台

U 字形台又称马蹄形台，一般要求横向长度应比竖向长度短一些。

3. E 字形台

E 字形台的三翼长度应相等，竖向长度应比横向长度长一些。

4. 正方形台

正方形台又称回形台，一般设在宴会厅的中央，是一个中空的台形。

除上述基本台形外，还有 T 形台、鱼骨形台、星形台等。现在，许多西餐宴会也使用中餐的圆桌设计台形。总之，西餐宴会的台形应根据宴会规模、宴会厅形状及宴会主办者的要求灵活设计。

（四）席位安排

西餐宴会的席位安排也应遵循"高近低远"的原则。

1. 一字形台的席位安排

一字形台的席位安排有两种方式，如图 4-13 所示。

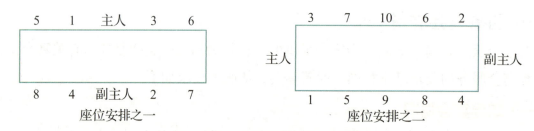

图 4-13　一字形台的席位安排

2. 其他台形的席位安排

其他台形的席位安排与图 4-13 相似，大多是主人坐在餐台中央，主宾在主人右侧，面对其他来宾而坐，其他来宾距主人越近，则表示其身份地位越高。

（五）熟悉菜单

西餐宴会菜单形式一般是中英文对照，居中对称打印，由头盆、汤、副盆（有些宴会没有副盆）、主盆、甜点和咖啡或茶组成。示例如下：

菜单
MENU

什锦沙拉

Mixed Salad

法国洋葱汤

French Onion Soup

美式小牛仔排

U.S.Veal Tenderloin

芒果奶酪蛋糕

Mango Cheese Cake

咖啡或茶

Coffee or Tea

（六）准备餐饮用具

西餐宴会餐饮用具准备的依据是宴会菜单和宴会通知单。常用的用具主要如下：

1. 不锈钢用具

不锈钢用具主要有头盆刀、叉，汤匙，鱼刀、叉，餐刀、叉，牛排刀，黄油刀，点心叉、匙，水果刀、叉，咖啡匙，服务叉、匙等。

2. 瓷器用具

瓷器主要有装饰盘、面包盘、黄油碟、咖啡杯、垫碟、盐椒盅、牙签筒等。

3. 杯具

杯具应根据宴会客人所选用酒类而定，主要有水杯、红葡萄酒杯、白葡萄酒杯、香槟杯、鸡尾酒杯、利口杯、雪利杯、白兰地杯、威士忌杯等。

4. 棉织品

棉织品主要有台布、桌裙、餐巾、服务餐巾和托盘垫巾等。

5. 服务用具

服务用具主要有托盘、花盆、花泥、鲜花、宴会菜单、开瓶器、开塞钻、席位卡、冰桶、烛台、蜡烛、火柴、洗手盅等。

此外，高级西餐宴会厅还应使用桌垫，以防台布滑动并减少金属餐具与桌面的碰撞噪声。桌垫通常用毡片或橡胶片等材料制成，又称消音垫。

（七）准备酒类饮料

一般应在休息室或宴会厅一侧设置吧台（或固定或临时）。吧台内备齐本次宴会所需的各种酒类饮料和调酒用具。根据酒水的供应温度提前降温，并备好酒篮、冰桶、开瓶器、开塞钻等用具。吧台应有调酒师在岗，以便为客人调制鸡尾酒。另外，还应备好果仁、虾条、面包条等佐酒小食品。

（八）面包、黄油服务

在宴会开始前 5 分钟，将面包、黄油摆放在客人的面包盘和黄油碟内，所有客人的面包、黄油的种类和数量都应是一致的；同时，为客人斟好冰水或矿泉水。单桌或小型宴会可在客人入席后提供此项服务。

二、西餐宴会服务规程

（一）引领服务

客人到达宴会厅门口时，迎宾员应主动上前表示欢迎。礼貌问候后，将客人引领至休息室，并根据需要接挂衣帽。

（二）休息室鸡尾酒服务

客人进入休息室后，休息室服务人员应向客人表示问候，并及时向客人送上各式餐前酒。送酒水前应先做介绍并征求客人意见。若客人是坐饮，则应先在客人面前的茶几上放置杯垫，再上酒水；若客人是立饮，则应先给客人餐巾纸，然后递上酒水；若客人需要鸡尾酒，则应将客人引至吧台前，由调酒师根据客人要求现场调制，或先请客人入座，再去吧台将客人所需鸡尾酒托送至客人面前。

在客人喝酒时，休息室服务人员应托送果仁、虾条等佐酒小食品巡回向客人提供。休息室服务时间一般为半小时左右。当客人到齐、主人示意可以入席时，则应及时引领客人至宴会厅。

（三）拉座椅让座

当客人到达本服务区域时，值台员必须主动上前欢迎、问好，然后按先女士后男士、先宾后主的顺序为客人拉座椅让座（方法与中餐宴会相同）。待客人坐下后，为客人铺餐巾，并点燃蜡烛以示欢迎。

（四）上头盆

根据头盆配用的酒类，先为客人斟酒，再上头盆。是冷头盆的，则可在宴前 10 分钟上好。当客人用完头盆后应从客人右侧撤盘，撤盘时应连同头盆刀、叉一起撤下。

（五）上汤

上汤时应加垫盘，从客人右侧送上。喝汤时一般不喝酒，但如果安排了酒类，则应先斟酒，再上汤。当客人用完汤后，即可从客人右侧连同汤匙一起撤下汤盆。

（六）上鱼类菜肴

应先斟好白葡萄酒，再为客人从右侧上鱼类菜肴。当客人吃完鱼类菜肴后，即可从客人右侧撤下鱼盘及鱼刀、鱼叉。

（七）上肉类菜肴

肉类菜肴一般盛放在大菜盘中，由服务人员为客人分派，并配有蔬菜和沙司，有时还配有色拉。上菜前，应先斟好红葡萄酒（斟酒方法与西餐正餐服务相同），并视情况为客人补充面包和黄油。

肉类菜肴的服务程序如下：

1）从客人右侧撤下装饰盘，摆上餐盘。

2）服务人员托着菜盘从左侧为客人分派主菜和蔬菜，菜肴的主要部分应靠近客人。

3）另一名服务人员随后从客人左侧为客人分派沙司。

4）如配有色拉，也应从左侧为客人依次送上。

待客人开始吃主菜后，服务人员应礼貌询问客人对主菜的意见。在客人都感到满意后，才可礼貌离去。如客人有不满，则应及时反馈至厨房处理。

（八）上甜点

待客人用完主菜后，服务人员应及时撤走主菜盘、刀、叉、色拉盘、黄油碟、面包盘和黄油刀，摆上干净的点心盘。然后，托送奶酪及配食的饼干等至客人面前，待客人选定后，用服务叉、匙，在客人左侧分派。上奶酪前应先为客人斟酒。此时，可继续饮用配主菜的酒类，也可饮用甜葡萄酒或波特酒。

用过奶酪后开始上甜品，此时一般安排宾主致辞。服务人员在撤去吃奶酪的餐具后，应先为客人斟倒香槟酒或有汽葡萄酒，摆上甜品餐具，然后上甜品。香槟酒或有汽葡萄酒一定要在致辞前全部斟好，以便客人举杯祝酒。

上水果前，应撤去桌面除酒杯外的所有餐用具，摆好餐盘和水果刀、叉，再托着水果盘从客人左侧分派水果。然后，从客人左侧端上洗手盅，盅内放温水、一片柠檬和数片花瓣。

（九）饮料服务

当主人请客人去休息室休息时，服务人员应主动拉座椅，引领客人入座。

待客人坐下后，休息室服务人员应及时为客人送上咖啡或红茶，糖缸和淡奶壶放在茶几上（一般每四人配一套），服务方法与西餐早餐服务相同。

在客人饮用咖啡或红茶时，休息室服务人员（或调酒师）应向客人推销餐后酒，主要是各种利口酒和白兰地，待客人选定后再斟好送上。高级西餐宴会厅备有酒水车提供此项服务；如无酒水车，则应用托盘服务。

当客人享用餐后饮料及餐后酒时，服务人员应将汇总好的账单递给主人或其代表（经办人）结账，结账方法与中餐宴会服务相同。

（十）送客服务

送客服务主要是拉座椅送客和取递衣帽，具体要求与中餐宴会服务相同。

（十一）结束工作

结束工作主要有检查、收台、整理宴会厅与休息室，具体要求与中餐宴会服务相同。

（十二）西餐宴会服务注意事项

1）服务过程中应遵循先宾后主、女士优先的服务原则。

2）在上每一道菜之前，应先撤去上一道菜肴的餐具，斟好相应的酒水，再上菜。

3）如果餐桌上的餐具已用完，应先摆好相应的餐用具，再上菜。

4）在撤餐具时，动作要轻稳。西餐撤盘一般是徒手操作，所以一次不应拿得太多，以免失手摔破。

5）宴会厅全场撤盘、上菜时机应一致；有多桌时，以主桌为准。

案例情境

史密斯和他的夫人来到某酒店，希望预订家宴，服务人员热情地拿出酒店精心制作的宴会菜单供他们选择。史密斯提出，希望能将宴会布置得轻松、温馨些，这让服务人员犯了难，在征得上级领导同意并与经理协商之后，最终满足了史密斯夫妇的要求。

案例思考： 为什么酒店要满足史密斯夫妇的要求？

任务实训

为了更深入地了解餐饮服务，请以小组为单位完成以下实训任务：

1. 到酒店西餐厅进行参观，了解西餐宴会服务的步骤、注意事项。

2. 分角色扮演，小组模拟西餐宴会服务。

项目五　餐饮服务质量管理与安全管理

　　餐饮服务质量管理是餐饮企业围绕其产品质量开展的一系列管理活动的总和，是餐饮管理的中心环节。服务质量是餐饮企业生存与发展的基础，餐饮企业之间的竞争，本质上是服务质量的竞争，因此不断提高服务质量，以质量求效益是每家餐饮企业发展的必经之路。随着餐饮业竞争的日趋激烈，人们对餐饮服务质量的要求越来越高，餐饮企业必须不断探索提高和完善自身服务质量的途径与方法，以取得良好的经济效益和社会效益。

项目目标

　　1. 了解餐饮服务质量的定义；理解有形产品质量和无形产品质量的主要内容。

　　2. 掌握餐饮服务质量的构成要素。

　　3. 了解餐饮服务质量控制的基础工作；掌握餐饮服务质量的控制方法。

　　4. 培养学生具有良好的职业素养、人际交流沟通能力和团队协作精神，提高学生解决问题、分析问题的能力。

任务一　餐饮服务质量构成

任务目标

1. 了解餐饮服务质量的定义。
2. 理解有形产品质量和无形产品质量的主要内容。
3. 掌握餐饮服务质量的构成要素。
4. 培养学生具有良好的职业素养、人际交流沟通能力和团队协作精神。

相关知识

餐饮服务质量是决定餐饮企业能否成长壮大的生命线，它直接关系到餐饮企业的声誉好坏、客源多少和经济效益的高低。随着经济的发展和人们生活水平的提高，人们对餐饮服务质量的要求也越来越高，酒店餐饮部门必须不断探索提高和完善自身服务质量的途径与方法，以取得良好的经济效益和社会效益。对餐饮服务质量的含义、构成等的正确理解和把握，是进行餐饮服务质量管理的基本前提。

一、餐饮服务质量的含义

餐饮服务质量是指餐饮企业以其所拥有的设备设施为依托，为顾客所提供的服务在使用价值上适合和满足顾客物质和心理需求的程度。餐饮企业提供的服务既要在使用价值上适合和满足顾客生活的基本需求（即物质上的需求），又要满足顾客的心理需求（即精神上的需求）。适合是指餐饮企业为顾客提供服务的价值能为顾客所接受和喜爱；满足是指该种使用价值能为顾客带来身心愉快和享受。因此，餐饮服务的使用价值适合和满足顾客需要程度的高低，即体现了餐饮服务质量的优劣。

对于餐饮服务质量的理解通常有两种：一种是广义上的餐饮服务质量，它包括餐饮服务的三要素，即设施设备、实物产品和劳务服务的质量，是一个完整的服务质量的概念；另一种是狭义上的餐饮服务质量，它指的是餐饮劳务服务的质量，纯粹是指由餐厅服务人员的服务劳动所提供的，不包括实物形态部分所提供的价值。从广义上理解餐饮服务质量，它包括有形产品质量和无形产品质量两个方面。

二、提高餐饮服务质量的意义

（一）提高餐饮服务质量能打造餐饮企业形象

优质服务能提高顾客满意度，企业的信誉也会随着服务质量的提高而不断上升；相反，服务质量差，顾客不满意，企业信誉将随之不断下降。在市场经济条件下，企业的形象是企业无形资产，企业信誉越高，形象越好，其市场价值也越高。因此，优质服务是提高企业形象、创造企业品牌的基础。

（二）提高餐饮服务质量具有一定社会效益

对顾客来说，餐饮服务质量关系着他们的健康与安全。餐厅食品不卫生，服务人员服务态度差，不仅影响企业经营，而且会对行业和社会产生负面影响。相反，服务质量优异，不仅使顾客的物质、精神需求得到满足，使企业利润不断增加，而且能带动同行业创服务新风，促进全行业服务水平的整体提高。

（三）提高餐饮服务质量可以促进餐饮产品的销售

餐饮企业经营的直接目的是取得最大的经济效益。顾客需求的满足程度是随着服务人员服务质量的优劣而上下波动的。服务质量优异，顾客的满意程度就会提高，餐饮企业产品和品牌对顾客就有吸引力，他们继续光顾的频率会随之提高，企业的产品销售量就会增加，市场占有率必然上升。同时，因为顾客处在一定的社会群体中，所以其对餐饮产品和服务的评价会影响到周围人。一个提供优质服务的餐饮企业，会因顾客的宣传而使客源增多，销售量增加，企业的利润也会随之增加；反之，无人光顾，生意清淡，利润就会下降。

（四）提高餐饮服务质量有利于降低餐饮企业的质量成本

为提高产品质量而投入的物质资料和劳动力称为质量成本。优质服务能降低质量成本。一般来说，凡能创造优质产品的员工，不仅技术水平高而且责任心强，对待工作一丝不苟、精益求精，他们既能创造优质产品，又能创造较高的劳动生产率，促进企业降低成本，创造更高的经济效益。

（五）提高餐饮服务质量能够提高餐饮产品的价格

供求状况确定的情况下，餐饮产品的价格是以产品使用价值为基础的。价值是一种经济关系，人们看不见、摸不着。在具体确定某企业餐饮产品价格时，要比较产品的质量。质量成为餐饮产品销售价格的决定因素。在市场经济条件下，各餐饮企业间现代化设备的投放、原材料的质量、加工手段及用餐环境越来越接近，服务质量日益成为餐饮产品质量竞争的主要因素，服务质量优劣将直接影响价格高低。优质优价是企业制定价格的基本原则，优质高价，劣质低价则不应采取。

（六）提高餐饮服务质量是评估餐饮管理水平的重要标志

餐饮经营管理是一项复杂而细致的工作。服务人员的劳动对象是人不是物，实物产品仅是联系餐厅和顾客之间的中介物，餐饮服务工作最终是人对人的服务。有良好的服务才能招揽并留住顾客，而顾客是餐饮企业生存与发展的基础和条件。能为顾客提供优质服务的餐饮企业是成功的，反之则是失败的。因此，提高服务质量是餐饮经营管理的中心工作。要提高服务质量，必须使管理的各种职能部门充分发挥作用并相互配合协调。可以说，服务质量水平是餐饮企业管理水平的综合反映，从服务质量的优劣表现可以判断出餐饮经营者管理水平的高低。

三、餐饮服务质量的构成

餐饮服务是有形产品和无形产品的有机结合，餐饮服务质量则是有形产品质量和无形产品质量的完美统一。有形产品质量是无形产品质量的凭借和依托，无形产品质量是有形产品质量的完善和体现，两者相辅相成，构成完整的餐饮服务质量的内容。

（一）餐饮服务有形产品质量

餐饮服务有形产品质量是指餐饮企业提供的设备设施和实物产品及服务环境的质量，满足顾客物质上的需求。餐饮服务有形产品质量主要包括餐饮设备设施质量、餐饮实物产品质量、餐饮服务环境质量等方面。

1. 餐饮设备设施质量

餐饮企业是凭借其设备设施来为顾客提供服务的，所以餐饮设施设备是餐饮企业赖以生存的基础，是餐饮劳务服务的依托，它反映出一家餐厅的接待能力。同时餐饮设备设施质量也是服务质量的基础和组成部分，是餐饮服务质量高低的决定性因素之一。餐饮设备设施包括客用设备设施和应用设备设施。

客用设备设施也称前台设备设施，是指直接供顾客使用的设备设施，如餐厅、酒吧的各种设备设施等。它要求做到：设置科学，结构合理；配套齐全，舒适美观；操作简单，使用安全；完好无损，性能良好。其中，客用设备设施的舒适程度是影响餐饮服务质量的重要方面，舒适程度的高低一方面取决于设备设施的配置，另一方面取决于设备设施的维修保养。因此，随时保持设备设施完好率，保证各种设备设施正常运转，充分发挥设备设施的效能，是提高餐饮服务质量的重要环节。

应用设备设施也称后台设备设施，是指餐饮经营管理所需的生产性设备设施，如厨房设备设施等。它要求做到：安全运行，保证供应。餐饮企业只有保证设备设施的质量，才能为顾客提供多方面的感觉舒适的服务，进而提高餐饮企业的声誉和服务质量。

2. 餐饮实物产品质量

餐饮实物产品可直接满足顾客的物质消费需要，其质量高低也是影响顾客满意程度的一个重要因素，因此餐饮实物产品质量也是餐饮服务质量的重要组成部分。餐饮实物产品质量通常包括菜点酒水质量、客用品质量和服务用品质量。

菜点酒水质量是餐饮实物产品质量的重要构成内容之一。餐饮管理者必须认识到饮食在顾客的心目中占有的重要位置及不同顾客对饮食的不同要求。例如，有的顾客为满足其新奇感而品尝名品菜肴，而有的顾客只为了寻求符合口味的食品而喜爱家常小菜。但无论哪种顾客，他们通常都希望餐饮企业的产品富有特色和文化内涵，原料选用准确，加工烹制精细，产品风味适口等；另外，还必须保证饮食产品的安全卫生。

客用品质量也是餐饮实物产品质量的一个组成部分。它是指餐饮服务过程中直接供顾客消费的各种生活用品，包括一次性消耗品（如餐巾纸、牙签等）和多次性消耗品（如棉织品、餐酒具等）。客用品质量应与酒店星级相适应，避免提供劣质客用品。餐饮企业提供的客用品数量应充裕，能够满足顾客需求，而且供应要及时。另外，餐饮企业还必须保证所提供客用品的安全与卫生。

服务用品质量是指餐饮企业在提供服务过程中供服务人员使用的各种用品，如托盘等。它是提高劳动效率、满足顾客需要的前提，也是提供优质服务的必要条件。服务用品质量要求品种齐全、数量充裕、性能优良、使用方便、安全卫生等。管理者对此也应加以重视，否则难以为顾客提供令其满意的服务。

3. 餐饮服务环境质量

餐饮服务环境质量是指餐饮设施的服务气氛给顾客带来感觉上的享受和心理上的满足。它主要包括独具特色的餐饮建筑和装潢，布局合理且便于到达的餐饮服务设施和服务场所，充满情趣并富于特色的装饰风格，以及洁净无尘、温度适宜的餐饮环境和仪表仪容端庄大方的餐饮服务人员。所有这些构成餐饮所特有的环境氛围，它在满足顾客物质需求的同时，又可满足其精神享受的需要。通常对服务环境质量的要求是整洁、美观、有秩序和安全，在此基础上，还应充分体现出有鲜明个性的文化品位。第一印象的好坏，很大程度上是受餐饮环境气氛影响而形成的，为了能够产生这种良好的效果，管理者应格外重视餐饮服务环境的管理。

（二）餐饮服务无形产品质量

餐饮服务无形产品质量是指餐饮企业提供的劳务服务的使用价值的质量，即劳务服务质量，主要是满足顾客心理上、精神上的需求。劳务服务的使用价值使用以后，其劳务形态便消失了，仅给顾客留下不同的感受和满足程度。

劳务服务质量也是餐饮服务质量的主要内容之一，主要包括以下几个方面：

1. 礼貌礼节

礼貌礼节是以一定的形式通过信息传输向对方表示尊重、谦虚、欢迎、友好等态度的一种方式，礼节偏重形式，礼貌偏重语言行动，它表明了餐饮服务的基本态度和意愿。餐饮礼貌礼节主要要求服务人员具有端庄的仪表仪容、文雅的语言谈吐、得体的行为举止等。餐饮服务人员直接面对顾客进行服务的特点，使礼貌礼节在餐饮管理中备受重视，因为它直接关系着顾客满意度，是餐饮企业提供优质服务的基本点。

2. 职业道德

在餐饮服务过程中，许多服务是否到位实际上取决于员工的素质和责任感，因此遵守职业道德也是餐饮服务质量的最基本构成，它不可避免地影响着餐饮服务质量。餐饮企业员工，应遵循"热情友好，宾客至上；真诚公道，信誉第一；优质服务，文明礼貌；不卑不亢，一视同仁；团结协作，顾全大局；遵纪守法，廉洁奉公；钻研业务，提高技能"的职业道德规范，真正做到敬业、乐业和勤业。

3. 服务态度

服务态度是指餐饮服务人员在对客服务中所体现出来的主观意向和心理状态，其好坏是由员工的主动性、创造性、积极性、责任感和素质高低决定的，因此要求餐饮服务人员应具有"宾客至上"的服务意识，并能够主动、热情、耐心、周到地为顾客提供服务。餐饮服务人员服务态度的好坏是很多顾客关注的焦点，尤其当出现问题时，服务态度常常成为解决问题的关键，顾客可以原谅餐饮服务中的许多过错，但往往不能忍受餐饮服务人员恶劣的服务态度。因此，服务态度是无形产品质量的关键所在，直接影响餐饮服务质量。

4. 服务技能

服务技能是提高服务质量的技术保证，是指餐饮服务人员在不同场合、不同时间对不同顾客提供服务时，能适应具体情况而灵活恰当地运用不同的操作方法和作业技能以取得最佳的服务效果，从而所显现出的技巧和能力。服务技能的高低取决于服务人员的专业知识和操作技术，要求其掌握丰富的专业知识，具备娴熟的操作技能，并能根据具体情况灵活运用，从而达到具有艺术性、给顾客以美感的服务效果。只有掌握好服务技能，才能使餐饮服务达到标准，保证餐饮服务质量。

5. 服务效率

餐饮服务效率有三类：一是用工时定额来表示的固定服务效率，如摆台用5分钟等；二是用时限来表示服务效率，如办理结账手续不超过3分钟，接听电话时响铃不超过三声等；三是指有时间概念，但没有明确的时限规定，是靠顾客的感觉来衡量的服务效率，如点菜后多长时间上菜等。服务效率问题在餐饮工作中大量存在，若使顾客等候时间过长，很容易让顾客产生烦躁心理，并会引起不安定感，进而直接影响顾客对餐饮企业的印象和对服务质量的评价。但服务效率并非仅指快速，而是强调适时的服务。服务效率是指在服务过程中的时间概念和工作节奏，它应根据顾客的实际需要灵活掌握，要求在顾客最需要某项服务时即时提供。

6. 安全卫生

餐饮安全卫生状况是顾客外出旅游时考虑的首要问题，因此，餐饮企业在环境气氛上要制造出一种安全的气氛，给顾客心理上提供安全感。餐饮安全卫生主要包括餐饮环境卫生、食品饮料卫生、用品卫生、个人卫生等。餐饮安全卫生直接影响顾客身心健康，是优质服务的基本要求，所以必须加强管理。

劳务服务质量除上述内容外，还包括员工的劳动纪律、服务的方式方法、服务的规范化和程序化等内容，同样应为餐饮管理者所关注。

案例情境

> 某酒店的餐厅里，一位客人指着刚上桌的鲤鱼，大声对服务人员说："我们点的是鲤鱼，这个不是！"他这么一说，同桌的其他客人也随声附和要求服务人员退换。正当服务人员左右为难时，餐厅领班王某走了过来。王某走到客人座位旁仔细一看，发现服务人员给客人上的确实是鲤鱼，心里便明白是客人弄错了。当她看到这位客人的反应比较强烈，其余的客人多数含混不清地点头，主人虽然要求服务人员调换，却显得比较难堪时，立即明白这鲤鱼是他点的，而他对那位客人的错误又不好指出。于是，王某对那位投诉的客人说："先生，如果真是这样，那您不妨再点条鲤鱼。请您亲自到海鲜池挑选好吗？"客人点头应允。王某陪着客人来到海鲜池前，并不着急让客人点鱼，而是先和他聊起天来。稍稍站了一会儿，恰好有其他的客人也点鲤鱼，看到服务人员将鱼从池子里捞出，客人的脸上立即露出了惊诧的神情。等点鱼的客人走后，王某对这位投诉的客人说："这就是鲤鱼。"接着，她指着海鲜池前的标签和池中的鱼简要地介绍了一下鲤鱼的特征。最后，她征求客人的意见："您看您现在点还是等一会儿再点？""这……等一会儿吧。"客人答道。客人回到座位，认真观察了一下，确定是自己弄错了。客人面带愧色地向王某及服务人员道歉，而主人则向王某投来了感激的目光。
>
> **案例思考：** 你如何理解"顾客永远都是对的"？应该如何发现解决此案例出现的问题，并避免餐饮服务质量问题的发生？

任务实训

为了更深入地了解餐饮服务，请以小组为单位完成以下实训任务：

1. 到酒店餐厅进行参观，了解餐饮服务质量构成。
2. 小组讨论并阐述餐饮服务质量构成。

 # 餐饮服务质量控制

 任务目标

1. 了解餐饮服务质量控制的基础工作。
2. 掌握餐饮服务质量的控制方法；培养学生分析问题、解决问题的能力。

 相关知识

做好餐饮服务质量的控制和管理是提高餐饮服务质量的重要一环，也是在餐饮有形产品高度同质化的今天赢得顾客、提高顾客满意度的重要手段。目前，餐饮服务工作在追求标准化和个性化两大目标的同时，仍旧存在一些有待解决的问题，但只要确定了所要达到的质量水平，并制定出相应的控制方法，就能达到最终的管理目的。

一、餐饮服务质量控制的基础工作

要进行有效的餐饮服务质量控制，必须具备以下三个基本条件：

（一）制定服务规程

餐饮服务质量标准，即服务规程，是餐饮服务所应达到的规格、程序和标准。为了保证和提高服务质量，我们应该把服务规程视为工作人员应当遵守的准则和服务工作的内部法规。

餐饮服务规程必须根据顾客生活水平和对服务需求的特点来制定，如西餐厅的服务规程要适应欧美顾客的生活习惯。另外，还要考虑到市场需求、餐厅类型、餐厅等级、餐厅风格、国内外先进水平等因素的影响，并结合具体服务项目的内容和服务过程制定适合本餐厅的标准服务规程。餐厅工种较多，各岗位的服务内容和操作要求各不相同。为了检查和控制服务质量，餐厅必须分别对零点餐、团体餐和宴会，以及咖啡厅、酒吧等的整个服务过程制定迎宾、引座、点菜、传菜、酒水服务等全套的服务规程。

制定服务规程时，首先要确定服务的环节和顺序，再确定每个环节服务人员的动作、语言、姿态、质量、时间，以及对用具、手续、意外处理、临时措施的要求等。每套规程在开

始和结束处应有与相邻服务过程互相联系、相互衔接的规定。在制定服务规程时，不能照搬其他餐厅的，而应该在广泛吸取国内外先进管理经验、接待方式的基础上，紧密结合本餐厅大多数顾客的饮食习惯和本地的风味特点等推出全新的服务规程。同时，要注重服务规程的执行和控制，特别要注意抓好各服务过程之间的薄弱环节。要用服务规程来统一各项服务工作，使之达到服务质量的标准化、服务过程的程序化和服务方式的制度化。

1. 标准化

标准化是指在为顾客提供各种具体服务时所必须达到的标准。第一，设施设备的质量标准必须与餐厅的等级和规格相适应；第二，产品质量标准必须和价值相吻合，体现质价相符的原则；第三，服务质量标准必须以"宾客至上，服务第一"为基本出发点，做出具体规定。

制定标准是一项非常复杂的工作，主要有以下八个方面内容：设备设施质量标准，产品质量标准，接待服务标准，安全卫生标准，服务操作标准，礼节、仪容标准，语言、动作标准，工作效率标准。

2. 程序化

程序化是指接待服务工作的先后次序以标准化为基础，通过服务程序使各项服务工作有条不紊地进行。制定接待程序，应做好下列基础工作：

1）要研究服务工作的客观规律，即在制定标准程序的同时，要分析各项工作的先后次序，使之形成一个整体。

2）要考虑企业的人、财、物，尽量扬长避短。

3）程序化是规范化而不是公式化，因此要有相对灵活性。

4）分析顾客的风俗习惯和生活需求，根据不同接待对象和服务项目来制定。

5）各项服务工作程序的制定和执行要有一个过程。

总之，服务程序的制定要以顾客感到舒适、方便、满意为原则，而不能仅以服务人员自己的方便、轻松为基点。因此，程序要经试行，并逐步修改使其完善，最后达到科学合理提高服务质量的目的。

3. 制度化

制度化是指用规章制度的形式把餐饮服务质量的一系列标准和程序固定，使之成为质量管理的重要组成部分。餐饮制度分为两种：一种是直接为顾客服务的各项规章制度，如餐饮产品检验制度，餐具更新、补充制度等，这些制度全面而具体地规定了各项服务工作必须遵循的准则，要求餐饮工作人员共同执行；另一种是间接为顾客服务的各项规章制度，如餐饮交接班制度、工作记录制度、客史档案制度、考勤制度等，这类规章制度主要用以维护劳动纪律、保证直接对客服务制度的贯彻执行。

（二）收集质量信息

餐饮管理人员应经常对服务的结果进行评估，即顾客对餐饮服务是否感到满意，有何意见或建议等,从而采取改进服务、提高质量的措施。同时,根据餐饮服务的目标和服务规程,通过巡视定量抽查、统计报表、听取顾客意见等方式来收集服务质量信息。

(三)抓好全员培训

餐饮企业之间的竞争实质是人才的竞争、员工素质的竞争。员工素质的高低对服务质量的影响很大。只有经过良好训练的服务人员才能提供高质量的服务。因此,新员工在上岗前,必须进行严格的基本功训练和业务知识培训,不允许未经职业技术培训的人员上岗操作。对在职员工,必须利用淡季和空闲时间进行培训,以不断提高业务技术、丰富业务知识,最终达到提高素质和服务质量的目的,使企业竞争更具实力。

二、餐饮服务质量控制的类型

根据餐饮服务的三个阶段——准备阶段、执行阶段和结束阶段,餐饮服务质量的控制可以按照时间顺序相应地分为预先控制、现场控制和反馈控制。

(一)预先控制

所谓预先控制,就是为使服务结果达到预定的目标,在开餐前所做的一切管理上的努力。预先控制的目的是防止开餐服务中所使用的各种资源在数量和质量上产生偏差。预先控制的主要内容包括人力资源、物资资源、卫生质量与事故。

1. 人力资源的预先控制

餐厅应根据自身的特点灵活安排人员班次,保证开餐时有足够的人力资源。那种"闲时无事干,忙时疲劳战",开餐中顾客与服务人员在人数比例上大失调等都是人力资源使用不当的现象。

开餐前,必须对服务人员的仪容仪表做一次检查。开餐前数分钟,所有服务人员必须进入指定的岗位,姿势端正地站在最有利于服务的位置上。女服务人员双手自然叠放于腹前或自然下垂于身体两侧,男服务人员双手背后放或贴近裤缝线。全体服务人员应面向餐厅入口等候顾客的到来,给顾客留下良好的印象。

2. 物资资源的预先控制

开餐前,必须按规格摆好餐台,准备好餐车、托盘、菜单、点菜单、预订单、开瓶工具及工作车小物件等。另外,还必须备足相当数量的"翻台"用品,如桌布、餐巾、餐纸、刀叉、调料、牙签等。

3. 卫生质量的预先控制

开餐前半小时,对餐厅的环境卫生从地面、墙面、柱面、天花板、灯具、通风口到餐具、餐台、台布、台料、餐椅、餐台摆设等都要做一遍仔细检查。发现不符合要求的地方,要安排迅速返工。

4. 事故的预先控制

开餐前，餐厅主管必须与厨师长联系，核对前后台所接到的客情预报或宴会通知单是否一致，以免因信息的传递失误而引起事故。另外，还要了解当日的菜肴供应情况，如个别菜肴缺货，应让全体服务人员知道。这样，一旦顾客点到该菜，服务人员就可及时地向顾客道歉，避免事后引起顾客不满和投诉。

（二）现场控制

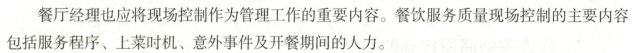

现场控制是指监督现场正在进行的餐饮服务，使其程序化、规范化，并迅速妥善地处理意外事件。这是餐厅管理者的主要责任之一。

餐厅经理也应将现场控制作为管理工作的重要内容。餐饮服务质量现场控制的主要内容包括服务程序、上菜时机、意外事件及开餐期间的人力。

1. 服务程序的现场控制

开餐期间，餐厅主管应始终站在第一线，通过亲自观察、判断、监督，指挥服务人员按标准程序服务，发现偏差，及时纠正。

2. 上菜时机的现场控制

掌握好上菜时机，要根据顾客用餐的速度、菜肴的烹制时间等，做到恰到好处，既不要让顾客等候太久，也不能将所有菜肴一下全上。餐厅主管应时常注意并提醒服务人员掌握上菜时间，尤其是大型宴会，每道菜的上菜时间应由餐厅主管亲自掌握。

3. 意外事件的现场控制

餐饮服务与顾客面对面直接交往，极容易引起顾客的投诉。一旦引起投诉，主管一定要迅速采取弥补措施，以防止事态扩大，影响其他顾客的用餐情绪。如果是服务人员方面原因引起顾客投诉，主管除向顾客道歉之外，还可在菜肴饮品上给予一定的补偿。发现有醉酒或将要醉酒的顾客，应告诫服务人员停止添加酒精性饮料；对已醉酒的顾客，要设法让其早点离开，以保护餐厅的和谐气氛。

4. 开餐期间的人力控制

一般餐厅在工作时实行服务人员分区看台负责制，服务人员在固定区域服务（可按照每个服务人员每小时能接待20名散客的工作量来安排服务区域）。但是，主管应根据客情变化，对服务人员在班中进行多次分工。如果某一个区域的顾客突然来得太多，应该从其他服务区域抽调人力来支援，待情况正常后再将其调回原服务区域。当用餐高峰期已经过去，主管则应让一部分员工先休息，留下另一部分员工继续工作，到了一定的时间再进行交换，以提高员工的工作效率。这种方法对于营业时间长的散席餐厅、咖啡厅等特别有效。

（三）反馈控制

反馈控制就是通过质量的信息反馈，找出服务工作在准备阶段和执行阶段的不足，采取措施，加强预先控制和现场控制，提高服务质量，使顾客更加满意。质量信息反馈由内部系统和外部系统构成。内部系统，是指信息来自服务人员、厨师和中高层管理人员等。在每餐结束后，应召开简短的总结会，以利于不断改进服务水平，提高服务质量。外部系统，是指来自就餐顾客的信息。为了及时获取顾客的意见，餐桌上可放置顾客意见表；在顾客用餐后，也可主动征求顾客意见。顾客通过大堂、旅行社、新闻传播媒介等反馈回来的投诉，属于强反馈，应予以高度重视，切实保证以后不再发生类似的服务质量问题。建立和健全两个信息反馈系统，才能不断提高餐厅服务质量，从而更好地满足顾客的需求。

三、餐饮服务质量控制的方法

（一）PDCA 管理法

餐饮的服务质量和工作质量的提高，需要不断地认识、实践和总结。因此，运用餐饮的质量保证体系来控制和提高质量是一个循环的过程。质量管理活动可以按照计划（Plan）、实施（Do）、检查（Check）和处理（Act）四个阶段来开展，"计划—实施—检查—处理"四个阶段组成一个循环，称为 PDCA 管理法。

1. PDCA 循环的步骤

PDCA 循环是科学的质量管理工作程序。运用 PDCA 循环来解决质量问题，可分成四个阶段八个步骤进行，如图 5-1 所示。

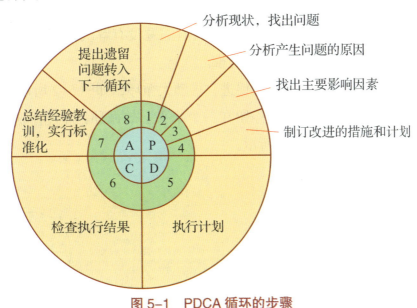

图 5-1　PDCA 循环的步骤

（1）计划阶段

步骤一：对餐饮服务质量或工作质量的现状进行分析，找出存在的质量问题。运用 ABC 分析法（Activity Based Classification）分析存在的质量问题，从中找出对质量问题影响最大的主要问题。

步骤二：运用因果分析法分析产生质量问题的原因。

步骤三：从分析出的原因中找到关键原因。

步骤四：提出要解决的质量问题，确定解决质量问题要达到的目标和计划。提出解决质量问题的具体措施、方法及责任者。

（2）实施阶段

步骤五：按已定的目标、计划和措施执行。

（3）检查阶段

步骤六：在执行步骤五以后，再运用 ABC 分析法对质量情况进行分析，并将分析结果与步骤一所发现的质量问题进行对比，以检查在步骤四中提出的提高和改进质量的各种措施和方法的效果。同时，要检查在完成步骤五的过程中是否还存在其他问题。

（4）处理阶段

步骤七：对已解决的质量问题提出巩固措施，以防止同一问题在每次循环中重复出现。对已解决的质量问题应给予肯定，并使之标准化，即制定或修改服务操作标准或工作标准、制定或修改检查和考核标准及各种相关的规程。对已完成但未取得成效的质量问题，也要总结经验教训，提出防止这类问题再发生的意见。

步骤八：提出步骤一所发现但尚未解决的其他质量问题，并将这些问题转入下一个循环中去求得解决，从而与下一循环的步骤衔接起来。

2. PDCA 循环的特点

1）周而复始。PDCA 循环的 4 个过程不是运行一次就完结的，而是周而复始地进行。一个循环结束了，解决了一部分问题，可能还留有问题没有解决，或者又出现了新的问题，这样就应再进行下一个 PDCA 循环，依此类推。

2）大环套小环，小环保大环，互相促进，推动大循环，如图 5-2 所示。

3）阶梯式上升。PDCA 循环不是停留在一个水平上的循环，不断解决问题的过程就是质量水平逐步上升的过程，如图 5-3 所示。

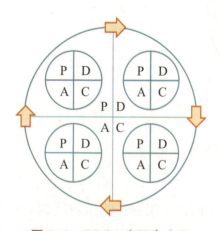

图 5-2 PDCA 大环套小环

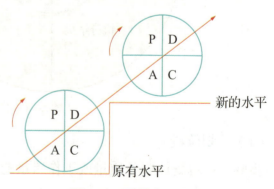

图 5-3 质量水平上升

（二）ABC 分析法

ABC 分析法是意大利经济学家巴雷特分析社会人口和社会财富的占有关系时采用的方

法。ABC 分析法又称 ABC 管理法或重点管理法。运用 ABC 分析法，可以找出餐饮企业存在的主要质量问题。

1. ABC 分析法的概念

ABC 分析法以"关键的是少数，次要的是多数"这一原理为基本思想，通过对影响餐饮质量诸方面问题的分析，以质量问题的个数和质量问题发生的频率为两个相关的指标，进行定量分析。先计算出每个质量问题在总体中所占的比重，然后按照一定的标准把质量问题分成 A、B、C 三类，以便找出对餐饮质量影响较大的一至两个关键性的质量问题，并把它们纳入餐饮企业当前的 PDCA 循环中去，从而实现有效的质量管理，既保证解决重点质量问题，又照顾到一般的质量问题。

2. ABC 分析法的程序

ABC 分析法分析餐饮质量问题的程序共分三个步骤。

1) 确定关于餐饮质量问题信息的收集方式。具体方式有质量调查表、顾客投诉和各部门的检查记录等。

2) 对收集到的有关质量问题的信息进行分类。例如，把餐饮服务质量分为服务态度、服务效率、语言水平、清洁卫生、菜肴质量、设备设施等几类，然后统计出每类质量问题出现的次数并计算出每类质量问题在质量问题总体中所占的百分比。

3) 进行分析，找出主要质量问题。通过对现存的质量问题进行分类，按问题存在的数量和发生的频率，把各类质量问题分为 A、B、C 三类。

A 类问题的特点是项目数量少，但发生的次数多，约占投诉总数的 70%。

B 类问题的特点是项目数量一般，发生次数也相对少一点，占投诉总数的 20%～25%。

C 类问题的特点是项目数量多，但发生次数少，占投诉总数的 10% 左右。

分类以后，我们可先解决 A 类问题，这样做可使质量有明显进步。同时，防止 B 类问题增加，并对 C 类问题加以适当注意，因为 C 类问题往往带有偶然性或不可控性，如失窃现象和设备破损的现象等。

在运用 ABC 分析法进行质量分析时要注意：在划分 A 类问题时，包括的具体质量问题项目不宜太多，最好是一两项，至多只能有三项，否则将失去突出重点的意义；划分问题的类别也不宜太多，对不重要的问题可设立一个其他栏，把不重要的质量问题都归入这栏内。

（三）因果分析法

用 ABC 分析法找出了餐饮企业的主要质量问题，可是这些主要的质量问题是怎样产生的呢？对产生这些质量问题的原因有必要进行进一步的分析。因果分析法是分析质量问题产生原因的简单而有效的方法。

1. 因果分析法的概念

因果分析法是利用因果分析图对产生质量问题的原因进行分析的图解法。因为因果分析图形同鱼刺树枝，因此又称为鱼刺图或树枝图。在餐饮经营过程中，影响餐饮服务质量的因素是错综复杂的，并且是多方面的。因果分析图对影响质量（结果）的各种因素（原因）之间的关系进行整理分析，并且把原因与结果之间的关系用带管线（鱼刺图）表示出来，如图5-4所示。利用这种图表分析质量问题，可以起到直观清晰、准确的效果。

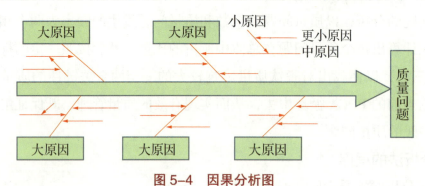

图5-4 因果分析图

2. 因果分析法的程序

（1）确定问题

确定要分析的质量问题，即通过ABC分析法找出A类问题。

（2）寻找原因

发动餐饮企业全体管理人员和员工共同分析，寻找产生A类问题的原因。各种原因找出以后，还需进一步分析，即查明这些原因是怎样形成的。在分析时，必须请有关方面的专业人员共同参加，听取不同的意见。对原因的分析深入细致，直到对引起质量问题的各种原因能够找到相应的防止措施为止。

3. 分析因果关系

整理找出的原因，按结果与原因之间的关系画在图上。对找出的原因，应进一步确定主要原因。确定主要原因可采用加权评分法，或以原因为分析对象采用ABC分析法。

（四）餐饮服务质量控制案例分析

某餐厅就菜肴质量方面的问题进行顾客意见调查，收集得到350份调查问卷。其中反映口味不佳的有235份，菜肴色泽不好的有62份，卫生感差的有29份，分量不足的有17份，服务效率低的有7份。运用PDCA循环法对该餐厅实行质量控制。

1. 第一阶段——计划阶段

1）根据以上调查结果，运用ABC分析法对餐厅服务质量的现状进行分析，并找出存在的主要问题，如表5-1所示。

表5-1 服务质量问题统计表

质量问题	问题数量	频率/%	频率累计/%
口味不佳	235	67.1	67.1
色泽不好	62	17.7	84.8

续表

质量问题	问题数量	频率/%	频率累计/%
卫生感差	29	8.3	93.1
分量不足	17	4.9	98.0
服务效率低	7	2.0	100.0
合计	350	100.0	100.0

画出巴雷特曲线图找出服务质量的主要问题，如图5-5所示。

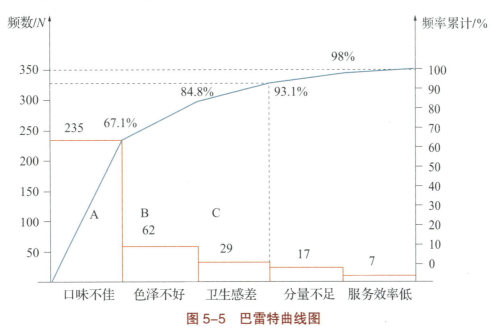

图5-5　巴雷特曲线图

该餐厅目前存在的质量问题主要是菜肴"口味不佳"的问题（A类问题），此类问题占餐厅服务质量问题总量的67.1%，必须设法尽快给予解决。

2）针对餐厅服务质量的主要问题，分析问题产生的原因。影响餐厅服务质量的原因可以归结为五大因素，即人（Man）、设施（Machine）、材料（Material）、方法（Method）和环境（Environment），称为"4M1E"因素分析法。餐饮企业管理者可以借助因果分析法（鱼刺图）这一管理工具来寻找服务质量问题产生的原因，如图5-6所示。

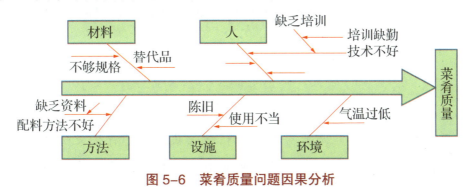

图5-6　菜肴质量问题因果分析

3）从分析出的原因中找到关键的原因。

4）根据质量问题产生的原因，制定具体的、切实可行的改进措施。餐厅借助提高菜肴质量对策表改进服务质量，控制措施的实施过程，如表5-2所示。

表5-2 提高菜肴质量对策表

序号	问题	现状	对策	负责人	进度（号）				
					1~5	6~10	11~15	16~20	21~25	26~30
1	原料不符合规格	菜肴外形不美观	1）制定采购规格标准；2）严格原料入库手续	张某						
2	无标准菜谱	菜肴份额不均	1）制定"标准菜谱"；2）增设厨房配菜员	李某						
3	技术水平低	菜肴花色单调	1）参加厨师等级培训考核；2）聘请特级厨师现场指导	王某						

2. 第二阶段——实施阶段

经过以上计划阶段的4个步骤之后，餐厅开始具体实施改进措施。

3. 第三阶段——检查阶段

检查改进措施执行情况。在实施改进措施过程中，要一边实施一边检查，做好各种原始记录，及时反馈执行中出现的各种情况。

4. 第四阶段——处理阶段

经过为期一个月的运行，餐厅菜肴口味的质量已有明确改善和提高，该餐厅关于菜肴质量问题管理活动的第一循环已经结束。但仍然发现厨师在投放调味品时，数量的控制有时较随意，尤其是在较繁忙的时候，没有严格按照标准菜谱的规定投放原料和调味品，因此将这一问题转入下一个PDCA循环中去重点解决。

案例情境

云南某酒店餐厨班以其优质服务和敬业精神荣获全国"青年文明号"称号，成为云南旅游界、餐饮界学习的榜样。依据长期服务的经验，该酒店将提高餐饮服务质量的方法归纳为八点体会。

第一，给客人以亲切感。亲切，是先声夺人的第一印象。不管客人什么身份、什么心情、从哪儿来，亲切是酒店与宾客沟通的第一要素。我们坚持微笑迎宾，客人进楼，问候致意，陪同领座，并尽可能提前了解客人（至少是主要客人）的姓名，给予恰到好处的身份称呼。

第二，仔细观察。服务不只是脚勤手快，还要用眼用心。从客人就座到餐毕的全过程中，既要悉心观察每位客人的特点和爱好，也要随时发现客人的即时需求。有的客人对某几个菜下箸少，说明他不爱吃，第二天就改换；有时刚准备上菜，但发现客人要敬酒而酒杯已空，就赶快先斟酒。

第三，加强各环节的沟通，尤其是服务人员与厨师的沟通。做好餐饮服务，仅靠一线服务人员是不够的，各个服务环节必须及时沟通，才能从整体上为客人提供满意的服务。如果客人临时提出特殊要求，厨房则尽力及时配合烹制或调换口味。传菜也要配合好，客人用餐从半小时到两小时不等，做菜和上菜做到间隔均匀，热菜热吃；尤其是厨师与服务人员相互尊重、理解和配合，服务人员转达客人要求，厨师不仅从来没有拒绝刁难，而且总是想方设法热情解决服务人员在前台遇到的困难。有了厨师的全力配合和支持，餐饮服务质量就有了绝对可靠的保证。

第四，建立客人档案。酒店有许多常客，必须把他们的习性、爱好、口味等记录在案。有了客人档案，就可大大提高工作效率，也减少了疏漏和失误。同时，记住客人的爱好，表现出对他们的尊重和关注，对重要客人来说，这是非常敏感的心理服务。

第五，分工之中注意协作。酒店作为企业，在管理中进行分工当然必不可少。但酒店不同于工厂流水线，不能刻板地按照流程操作。客人有很大的随意性，协作至关重要。例如，一桌餐最忙是开餐前，客人往往三三两两到达，要接应招呼、斟茶上毛巾，又要出筷套、递餐巾、上菜点饮料，容易顾此失彼。在分工盯桌的前提下，坚持协作原则，谁忙就帮谁，领班主管可以帮，其他有空闲的服务人员也可以主动上来帮，利用"时间差"，保证每个包房、餐桌的服务到位。

第六，强化培训及"练兵"。培训是学习知识，"练兵"是练习技能技巧，两者缺一不可。员工必须全面掌握菜肴知识、酒水知识、烹饪知识、外语知识和服务知识。"练兵"则强调准确性和效率。

第七，抓好班前会。班前会的作用有三：一是岗位继续培训，二是针对季节时令和当天货源指出服务要求，三是纠正昨天服务中出现的问题。例如，酒店当天的进货原料、水果备货、新到的饮料品种、新推出的菜肴特点，如何及时向客人推荐、介绍，既扩大销售，又满足宾客需求。班前会每天持续5～10分钟，从不间断。

第八，服务档次和品种到位。到位不仅是指高低之分，不同的客人需求大相径庭，不是摆上金银餐具就能说明全部问题的。有的要放鲜花，应注意鲜花的品种。外国客人不太讲究排场,但对造型颇为讲究,饮料也要适合他们的国情,足够的冰块更是必不可少,同时,还宜进行气氛烘托,如民族歌舞、民族礼仪、民族服饰、民族菜肴。对国内企业宴请,则要显示气派,或以庄重取胜,并多备酒和饮料的品种,以供选择。

案例思考: 全国"青年文明号"班组是如何做好服务质量的预先控制的?请你谈谈全国"青年文明号"班组有关服务质量反馈控制的措施。

任务实训

为了更深入地了解餐饮服务,请以小组为单位完成以下实训任务:

1. 到酒店餐厅进行参观,了解餐饮服务质量控制。
2. 小组讨论并阐述餐饮服务质量控制。

任务三 餐饮生产服务过程安全管理

任务目标

1. 了解餐厅生产服务过程的重要影响因素。
2. 了解厨房安全管理常见问题的成因。
3. 熟悉和掌握厨房生产服务过程规范的主要内容。
4. 熟悉和掌握厨房安全管理监督防范措施的主要内容。
5. 培养学生的实践能力。

相关知识

餐厅的生产服务及安全管理是保证餐厅菜品生产质量的基础，也是餐饮产品赖以生存的生命线。在日常管理中重视和加强此方面的管理工作内容，是厨房的管理人员和其他工作人员不能够忽略的重要管理环节。

餐厅的生产服务是保护餐饮顾客人身安全的基本职责所在，它所面对的是就餐的顾客，在经营中餐厅的生产服务也就显得尤为重要。厨房餐厅的生产服务不仅直接影响着员工的工作环境，还与提高产品质量、树立餐饮企业形象等有直接的关系。顾客所食用的菜品，首先应当保证其清洁、卫生，而不能给顾客带来身体健康方面的伤害。

一、餐饮生产服务过程

（一）购进食品

要到相对固定、证照齐全的食品生产经营单位采购食品原料，索证索票查验登记，合格产品入库或进行粗加工，不合格退回。

（二）粗加工、切配

认真检查待加工食品，发现腐败变质或感官形状异常的，不得使用。用于原料、半成品、成品的各种工具、容器，分开使用。冷、生食品切配加工在专间进行。

(三)烹调

认真检查辅料,是否按规定使用食品添加剂,加工的食品烧熟煮透,隔餐隔夜熟食、外购熟食、外购熟食上桌前充分加热煮透。

(四)装盘、备餐

使用消毒合格的餐具、用具,烹饪至食用前存放条件、存放时间符合规定。

二、厨房安全管理监督重点环节与防范

厨房安全是餐饮企业正常经营的基本保证,也是餐饮企业经济效益的根本保证。厨房安全不仅关系着顾客的生命安全,同时更关系着厨房内生产工作人员的生命安全。营造安全、舒适的工作环境,不但有利于员工开展各项餐饮产品的制作,而且更利于企业良性发展。厨房安全管理是厨房管理过程中的一个重要管理环节。

厨房常见的安全问题主要表现为跌伤、扭伤与撞伤、割伤、烧烫伤、电击伤及火灾、盗窃等。

餐饮部常见事故的预防与处置

(一)厨房安全管理常见问题及其成因

1. 跌伤、扭伤与撞伤

厨房里发生跌伤、扭伤与撞伤等安全事故,主要原因是厨房工作环境安全隐患较多。厨房的地面由于工作原因,有少许水渍或油渍,如果不能及时清理干净,就容易为后续的安全行走留下隐患,从而容易发生跌伤。除此之外,扭伤与撞伤也多发生在厨房通道或门口处。

2. 割伤

厨房中造成割伤的事故,多见于厨房的初加工岗位、切配岗位及冷菜厨房的工作岗位。此项安全事故发生的原因有:厨房员工工作过程中注意力不够集中;工作姿势不够得体;操作程序不符合既定标准;刀具钝或刀柄滑;对厨房工作环境观察不够仔细,被凸起的铁皮等划伤或割伤。

3. 烧烫伤

厨房中造成烧烫伤的事故,主要是厨房生产人员工作粗心不认真所引起的。例如,操作时聊天、想工作之外的事情及自认为很熟练而忽视操作规程的规定。此类事故在厨房安全事故中所占比例较大。

4. 电击伤

厨房中造成电击伤事故,主要是因为厨房内的电线老化,一些电线裸露在外,厨房生产人员使用时未注意,偶尔也有因为使用沾水的手去触碰电源设备。

5. 火灾

厨房内发生火灾事故,主要有以下原因:首先,厨房生产人员操作过程中未按固定程序

操作，如炒菜油加热过度，加热至燃点而发生着火，厨房工作人员处理不得当会助燃使火苗增大，最终酿成火灾；其次，厨房内设备电线老化或电器超负荷运作，使电线使用中有火苗出现，如未能及时发现，也容易酿成火灾。

6. 盗窃

厨房内的被盗物品一般多是储藏仓库中的物品或一些餐饮服务中的高级餐具用品。犯罪分子采用的盗窃多以内外盗及内盗为主。物品被盗后会给厨房及餐饮企业造成巨大的经济损失。

（二）厨房安全管理监督防范措施

1. 跌伤、扭伤与撞伤安全问题的防范措施

1）厨房应时刻保持地面清洁无水渍。

2）保持厨房通道的畅行无阻。

3）在较为显眼的位置放置安全告示，以提醒厨房生产人员注意安全。

2. 割伤安全问题的防范措施

1）厨房管理者应对厨房区域内定期进行安全检查，将安全隐患查找出来。

2）对厨房生产人员进行安全意识培训，提醒其日常工作要多加注意，尤其是禁止在厨房工作区域内跑跳打闹。

3）对厨房内的各种刀具进行规范管理，如设立专门的刀库或柜子。

4）提醒厨房生产人员在进行操作时，应集中注意力，不能做与工作无关的事情。

5）加强厨房生产人员对刀具的熟练使用程度。

3. 烧烫伤安全问题的防范措施

1）加强员工安全意识的培训，让员工能够认真对待厨房内的安全问题。

2）要求厨房生产人员严格按照设备设施的正确使用方法进行操作。

3）厨房管理者应该提醒厨房内员工不能在操作台或热源区域附近嬉戏打闹，以免发生安全事故。

4. 电击伤安全问题的防范措施

1）厨房管理者应定期检查厨房内设备设施电线使用情况，避免有电线因老化裸露在外。

2）悬挂显眼的安全警示标志或警示牌，提醒厨房内员工多加以注意。

3）加强对厨房生产人员安全常识的培训，避免出现较为低级的安全错误。

5. 火灾安全问题的防范措施

1）厨房管理者应加强对员工安全知识的专题培训。

2）落实安全防火责任制，具体到人。

3）定期对厨房内的区域进行安全防火专项检查。

4）建立健全安全防火各项规章制度，将安全防火常态化。

6. 盗窃安全问题的防范措施

1）厨房管理者应加强厨房员工的安全防盗意识,树立"企业安全靠大家"的全局意识。

2）在厨房等产品生产公共区域内,适时安装监控设备,以加强下班后厨房区域的安全保障工作。

3）根据餐饮企业厨房区域内的实际管理情况,加强对于厨房区域内原材料及餐饮器具物资储存处的配锁控制。

4）可增加下班后厨房区域内的安全保卫工作,增加巡查次数。

任务实训

为了更深入地了解餐饮服务,请以小组为单位完成以下实训任务:

1. 到酒店餐厅进行参观,了解餐饮生产服务过程安全管理。

2. 小组讨论并阐述餐饮生产服务过程安全管理。

项目六　餐饮营销管理

餐饮营销不仅仅是向顾客推销产品,更是为实现餐饮企业经营目标而展开的一系列有计划、有组织的活动。餐饮营销是依靠餐饮企业的一整套营销活动,不断地跟踪顾客的需要和要求的变化,及时调整餐饮企业整体经营活动,努力满足顾客需要,获得顾客信赖,通过顾客的满意度来实现餐饮企业经营目标,达到顾客利益和餐饮企业利益一致的过程。本项目以工作任务形式针对餐饮营销概述、餐饮营销策略和餐饮品牌营销进行简单的介绍,培养学生良好的职业素养,为其未来餐饮企业的工作做好准备。

项目目标

1. 了解餐饮营销管理的基本概念和意义;熟悉餐饮营销需求层次的细分;掌握餐饮营销面临的挑战和营销成功的条件。

2. 了解餐饮营销分析内容;熟悉餐饮营销要素和餐饮营销组合;掌握餐饮营销策略方案。

3. 了解中国餐饮品牌的发展现状和发展方向;熟悉餐饮品牌营销技术的发展;掌握餐饮品牌营销的方法。

4. 培养学生良好的职业素养,提高学生的独立学习能力、营销策划能力。

 **餐饮营销概述**

 任务目标

1. 了解餐饮营销管理的概念和意义。
2. 熟悉餐饮营销需求层次的细分。
3. 掌握餐饮营销面临的挑战和营销成功的条件，能对餐饮营销管理相关知识有初步了解。

 相关知识

餐饮营销是一个复杂又充满艺术性的课题。严格来说，在当今市场竞争极其激烈的背景下，餐饮营销是餐饮企业经营者规划、建设、运营餐饮企业的出发点之一。餐饮营销是餐饮企业立足于市场的基础，好的餐饮营销策略可以帮助企业提高地区影响力，稳定客源，提高声誉，从而帮助餐饮企业实现盈利。

一、餐饮营销管理的概念

餐饮营销是研究餐饮企业在激烈竞争和不断变化的市场环境中如何识别、分析、评价、选择和利用市场机会，如何开发适销对路的产品，探求餐饮企业生产和销售的最佳形式和最合适途径。它是一个完整的过程，而不是一些零碎的推销活动。

餐饮营销管理是指餐饮企业通过一系列的营销手段，以合适的价格提供餐饮产品和服务，满足顾客的需求，实现餐饮经营目标的一种综合性管理。餐饮营销管理的工作分为分析、计划、组织和执行及控制四个方面。

1）餐饮营销分析，主要包括餐饮营销策略环境分析、餐饮企业消费者购买及消费行为分析、餐饮企业市场分析、餐饮企业服务分析及竞争分析五个方面。

2）餐饮营销计划，主要包括餐厅营销形势的概括性总结，餐饮企业经营机会、威胁、优势、劣势的确定和评价，营销目标、策略的制定，餐饮企业长期和短期营销计划的制订，进行准确的销售预测五个方面。

3）餐饮营销的组织和执行，主要包括餐饮企业营销观念在全体员工中的灌输、以营销导向的组织机构的建立、选择合适的营销人员、对新老营销人员的培训、餐饮企业各种促销活动的开展（如人员推销、广告宣传、特殊促销、公共关系等活动）、餐饮企业营销部内部及营销部与其他各部门之间的广泛交流和密切配合、营销信息系统的建立、新产品开发、价格制定及销售渠道的建立。

4）餐饮营销控制，主要包括用既定的绩效标准来衡量和评价餐厅营销活动的实际结果、分析各种促销活动的有效性、评估营销人员的工作成绩、采取必要的纠正措施四个方面。

二、餐饮营销管理的意义

在当前餐饮业激烈的市场竞争中，营销管理非常重要。

（一）餐饮营销管理是联结企业与市场的重要桥梁

餐饮企业通过广告、宣传、公关等营销手段将企业、产品及服务的信息传播给顾客，并通过市场调研了解顾客的需求，以此将企业与消费者联系起来。正是由于有了联系，才使经营者了解市场，确定市场营销活动中存在的问题，并提出解决问题的方案，从而增强企业对市场的反应能力和应变能力。

（二）帮助企业发现市场机会并为企业发展创造条件

餐饮企业要想在一个新的地区开辟自己的业务，就需要了解该地区的供求状况、现实或潜在的竞争对手，以及其他影响经营的各种因素，并对未来经营进行分析和预测。这些工作要通过各种分析手段来完成。因此，通过加强营销管理，了解顾客对餐饮产品和服务的要求，了解市场发展的态势和竞争者的情况，有利于餐饮企业根据市场需求不断发展新的餐饮产品，提高餐饮服务质量，改善经营管理，并灵活地采取各种营销策略、手段和方法，增强餐饮企业的应变力，提高市场竞争能力。就这方面而言，公司的规模越大，市场研究工作也就越显得重要，也就越需要在市场研究与策划方面进行大量投资。

（三）餐饮营销管理是提高餐饮业经济效益的必要条件

要提高餐饮企业的经济效益，就必须把餐饮产品和服务销售出去，这样才能收回资金，补偿成本支出，保证再生产过程不断进行。因此，餐饮营销是实现餐饮企业经济效益的必要条件。只有加强营销管理，促进餐饮产品和服务的销售，加快资金周转，提高资金利用率，才能提高餐饮企业的经济效益。

（四）帮助企业发现经营中的问题并找出解决办法

经营中的问题范围很广，包括企业、企业责任、产品、销售等各个方面，当许多因素相互交叉作用的时候，市场分析就显得格外重要。例如，餐饮营业额大幅下降的原因，是由于菜品价格下调还是宣传不够，或是来自竞争对手的原因等，许多问题需要依靠市场调研和分析来加以澄清并解决。

（五）餐饮营销管理能够帮助企业走向国际市场

经济发展的国际化已成为大趋势。旅游餐饮业是一项国际性产业，其营销和服务对象是来自世界各地区的旅游者。因此，餐饮营销管理必然要面向国际市场。开拓国际市场，通过吸引国内外众多旅游者，扩大餐饮营销服务，增加外汇收入。同时，通过面向国际市场的竞争和经营，有利于开阔餐饮员工的视野，增长他们的见识，提高员工对钻研业务技术、学习各种知识的积极性和主动性，促进餐饮业更好地与国际市场接轨，按照国际惯例和要求有效地进行经营活动。

三、餐饮营销成功的条件

（一）资深员工

必须选拔资深员工担任餐饮营销工作。因为餐饮营销工作是一项专业性非常强的工作，首先要熟悉环境、顾客、操作程序，掌握目标客源定位，非常了解熟客、常客、消费大户、领导及周边竞争状况等。餐饮营销人员一上岗就要立即进入角色，要用心、专心，具备较强的沟通技巧，要有委曲求全的事业心和宣传、组织能力，还要是公关营销的强手，能注意信息反馈和部门间的沟通，处事及时、迅速、敏捷，有节奏感，操作上要规范、正确、高效、诚实守信及创新。

（二）收集信息

在信息时代，信息也是生产力。有了信息，餐饮行业的营销才有相应的对策及方式，才能迎接挑战，取得营销的成功。通过信息能了解顾客的心理需求，取得合理化建议，同时和相关部门一起实行营销措施，能不断改进和完善服务、产品。通过信息也可以拉近与顾客之间的距离，提高顾客满意度。

（三）营销意识

餐饮营销人员始终要有强烈的营销意识，为达到推销产品的目的，首先应掌握顾客的需求动机，了解顾客的消费能力、层次、身份、条件特点、特殊需求及个性化需求，并协调相关服务部门，尽可能满足顾客的需求。在接待过程中，也可适当推销其他部门的产品。在与顾客面对面交流中，应保持良好的精神状态，以真诚热情的微笑和主动负责的态度迎接。接待中，必须正确了解顾客的需求细节，如人数、餐标、用餐目的、电话、姓名、单位、主宾饮食偏好、特殊情况等；注意观察，正确判断主人和主宾，把信息及时反馈到相关部门。

（四）服务态度

要让顾客受到尊重、关爱，获得宾至如归的感觉，使其在接受服务中感到物有所值。餐饮营销人员应该具备引导消费的能力，首先要主动和顾客沟通，平时要熟记顾客的消费习惯，"好记性不如烂笔头"，把顾客习惯及偏好记在本上，如爱吃的酒菜、对服务的要求等。其次要在菜肴上做好文章：老年人吃的菜要烧透，妇女儿童喜欢吃甜品和水果等。在服务过程中，服务人员要"真情服务、用心做事"，做到人不动，眼睛动，注意每个变化，确保服务质量的到位和补位。

（五）客史档案

记录客史档案，可以跟踪服务，了解信息，掌握顾客的动态。引进此项服务举措，将在培养会员式顾客中起到关键作用。要设法了解顾客的姓名、电话、地址、单位及生日、家庭住址等，然后锁定目标采取相应的营销策略，定期进行拜访慰问，参与、融入顾客生活，与顾客建立起比较深的感情和较好的合作关系，使企业在市场竞争中立于不败之地。

四、餐饮营销面临的挑战

与其他行业产品相比，餐饮企业的市场营销存在许多特殊性，这些特殊性使餐饮营销有别于其他行业的营销，同时这些特殊性又加大了餐饮营销的困难。

（一）有形商品和无形商品的组合

餐饮产品是组合型的，它包括有形产品和无形产品两大类。有形产品主要是指餐厅设施、菜肴等能看得见摸得着的具体东西；无形产品主要是指服务、餐厅气氛等。在进行营销时，营销人员必须不断与顾客进行交流，为他们提供可靠、有效的产品信息，通过餐厅广告、宣传小册子等宣传资料来展示餐饮产品，尽量使餐厅设施形象、服务水平及产品能带给顾客的利益等充分地、真实可信地向顾客传达。

（二）餐饮产品不可储存性的挑战

餐饮产品不像其他行业的产品可以长期储存，餐厅销售额随着不同季节、不同的日期和不同的营业时间会产生很大的波动。餐饮产品的不可储存性和需求波动性，向营销人员提出了挑战，营销人员必须通过创造性地定价、促销和有计划的营销活动来加强餐厅产品的销售。

（三）餐饮产品标准化难度高的挑战

餐饮企业的工作人员——无论是厨师还是服务人员的素质、知识、技巧和态度各不相同，他们所提供服务产品的质量、水平很难达到完全标准化，这为营销工作带来了很大的不确定性。为此，必须特别重视对人员的培训和激励工作，使产品标准化，同时通过各种检查制度衡量顾客对产品的满意程度，减少餐饮产品不一致性和服务质量不稳定性。

五、餐饮营销需求层次的细分

餐饮产品是由餐饮实物和劳务服务，即烹饪技艺、服务态度，以及环境、气氛等因素组成的有机整体，它不仅能满足顾客的物质和生理需求，还能满足顾客许多心理上、精神上和情感上的需求。因此，要想留住顾客，培育顾客的忠诚度，必须深入了解顾客的各种需求，特别是在餐饮方面不同层次的需求。只有彻底了解顾客不同层次的需求之后，才能针对不同层次的需求，有针对性地提供或者改进现有的企业营销，增强顾客的满意度，建立忠诚的顾客关系，为企业的长远发展打下坚实的基础。

餐饮服务的内容为提高整体餐饮服务水平提供了直接依据，依据马斯洛需求层次理论，把餐饮营销需求的层次进行细分，即把餐饮营销进行细分，以便更好地满足顾客的需求。

（一）满足顾客生理需求方面

1. 食品质量

食品质量是餐饮服务的基础，顾客主要通过用餐来享用服务。因此，餐厅提供的菜肴选料要精细，品质要优良，品种应多样，适合各种顾客的风俗习惯和口味，菜肴的制作过程中要注重色、香、味、形。

2. 设备设施

要注意设备的保养和维修，保证为顾客提供的一切设备设施运转良好，使顾客得到方便、舒适的享受。

（二）满足顾客安全需求方面

1. 整洁卫生

餐饮服务首先要保证餐饮卫生，包括服务人员的衣着及个人卫生、菜肴卫生、环境卫生等。服务制作过程中的清洁卫生是人们外出用餐时最为关心的问题。

2. 安全服务

注意防火、防盗、防毒，保证顾客安全；尊重顾客隐私权；让顾客用餐时有安全感。

（三）满足顾客社会需求方面

1. 社会交往

为顾客提供各式各样的用餐环境，满足不同顾客的用餐需求，使顾客享受到不同的用餐感受，也使餐厅具有社会交往功能，如增进友谊、交流情感等。

2. 商业功能

在顾客谈生意过程中，和谐幽雅的环境可以淡化彼此的敌意，优美的音乐使人情绪缓和，增加彼此之间的了解，愉快地达成协议。完善餐厅的商业功能有利于招揽更多的商务顾客。

（四）满足顾客尊重需求方面

1. 礼仪礼貌

服务人员的语言、行为和仪表，反映了餐厅对顾客的基本态度，也反映出员工的文化素质和业务修养，是吸引顾客的重要方面。

2. 服务态度

服务人员应主动、热情、周到、细致、耐心、诚恳地为顾客服务，理解顾客的消费需求并提供个性化服务。

（五）满足顾客自我实现需求方面

1. 审美功能

菜品的设计制作及餐饮消费过程之中应具有审美功能，形成独具特色的烹饪艺术与饮食审美价值。借助餐饮活动使顾客得到美的享受和艺术的陶冶，提高审美水平。

2. 自我实现

餐厅可以为前来就餐的顾客提供自我展示的机会与平台，使顾客在享受美味佳肴时，还能使其自我实现心理得到相应的满足。

案例情境

某天上午，某餐厅里来了一位老先生，这位老先生找了一个不显眼的角落坐下，对面带笑容前来上茶、点菜的服务人员小王说："不用点菜了，给我一份面条就可以，就三鲜面吧。"服务人员仍然微笑着对老先生说："我们酒店的面条口味不错，您请稍等，喝点茶，面条很快就做好。"说完，小王又为他添了点茶才离开。

10分钟后，热气腾腾的面条端上了老先生的餐桌，老先生吃完后，付了款，就离开了餐厅。

当天晚上7点左右，餐厅里已经很热闹了，小王发现上午的那位老先生又来了，他还是走到老位置坐下，小王连忙走上前去，笑盈盈地向老先生打招呼："先生，您来了，我上午没来得及向您征询意见呢，面条合您的口味吗？"老先生看着面带甜美笑容的小王说："挺好的，晚上我再换个口味，吃蛋炒饭。"小王填好点菜单，顺手拿过茶壶，给他添好茶，说："请您稍候。"老先生看着微笑着离开的小王，忍不住点了点头。

用餐完毕，小王亲切地笑着询问老先生："先生，蛋炒饭合您口味吗？"老先生说："好，好，挺好的。我要给我儿子订30桌标准高一些的婚宴，所以到几家餐厅看看，我看你们这儿服务真好，决定就放这儿啦。"小王一听只吃一碗面的客人要订30桌婚宴，愣了一下，马上恢复了笑容，对老先生说："没问题，我这就领您到宴会预订处去办理预订手续。"

案例思考：请结合所学知识和本案例分析服务对销售的重要性。

 **餐饮营销策略**

任务目标

1. 了解餐饮营销分析的内容。
2. 掌握餐饮营销要素和餐饮营销组合。
3. 掌握餐饮营销策略方案。

相关知识

一、餐饮营销分析

（一）餐饮营销环境分析

餐饮营销的第一步，就是对所在市场的营销环境进行调查和分析。在调查中要注意客观原则、数据原则，用实事求是的态度考察市场。

（二）餐饮消费者购买及消费行为分析

消费者购买行为具有一定的模式和规律。对餐饮企业来讲，只有通过系统的市场调查，分析研究目标市场消费者购买行为特点，才能有针对性地制定餐饮营销策略，使用有效的餐饮营销手段，激发起餐饮消费者对餐饮产品的购买行为。研究影响消费者购买行为的主要因素及其购买决策进程，对展开有效的餐饮营销活动相当重要。在调查中，可以使用6W1H模型，即由谁购买（Who）、购买什么（What）、为什么购买（Why）、为谁购买（For Whom）、什么时候购买（When）、何地购买（Where）、怎样购买（How）。在此基础上，还要考虑当地文化气氛和社会消费气氛对餐饮消费者决策行为的影响。

（三）餐饮市场分析

对当地餐饮市场的总量和各品类的市场情况进行调查，并根据调查出的客观数据结果对餐厅在当地市场的情况做出数据化预测。

（四）竞争分析

对当地同品类餐饮市场竞争情况进行测量，可以使用 SWOT［Strengths（优势）、Weaknesses（劣势）、Opportunities（机会）、Threats（威胁）］模型。

二、餐饮营销要素

餐饮营销与其他行业的营销在要素上是相同的，即产品、价格、渠道和促销。餐饮产品，即产品的实体、服务、品牌和包装等餐饮促销方式，包括广告、人员销售、营业推广、公关关系。

三、餐饮营销组合

营销因素组合概括为以下六个部分：

1）宾客。宾客是指顾客或市场。企业的任务是通过市场调研确定本企业的顾客，然后详尽地了解他们的需要和愿望，即了解所服务的对象。

2）价格。价格一方面要适应顾客的需要，另一方面要满足企业对利润的要求。

3）实绩。实绩是指产品的传递。这是使顾客再次购买产品，并在离店后为本企业进行口头宣传的方法。

4）产品。产品是指企业的建筑、商品、设备和服务。企业应根据顾客的需要，为他们提供所需的产品和服务。

5）包装。酒店的"包装"是指把产品和服务结合起来，在顾客心目中形成本企业的独特形象。"包装"包括外观、外景、内部装修布置、维修保养、清洁卫生、服务人员的态度和仪表、广告和促销印刷品的设计，以及分销渠道等。

6）促销。促销的任务是使顾客深信本企业的产品就是他们所需要的，并促使他们来购买和消费。

四、餐饮营销策略方案

通过市场调查，确定餐饮企业的经营方向，然后深入进行市场细分，对竞争对手及形势进行分析，确定营销目标，最后达到宾客、价格、实绩、产品、包装、促销等诸多因素的最佳组合。这是餐饮营销的基本策略。具体的餐饮营销策略方案有以下几个方面：

（一）广告营销

广告营销是通过购买某种宣传媒介的空间或时间，来向餐饮公众或特定的餐饮市场中潜在的顾客进行推销或者宣传的营销工具，它是餐饮营销的常见手段。餐饮广告一般可分为以下几种：

1. 电视广告

电视广告的特点是传播速度快，覆盖面广，表现手段丰富多彩，可声像、文字、色彩、动感并用，是感染力很强的一种广告形式。但此种方法成本昂贵，制作起来费工费时，同时还受时间、播放频道、储存等因素的限制和影响，信息只能被动地单向沟通。

2. 电台广告

电台广告是适用于本地或者周边地区的消费群体的一种餐饮广告形式。它的特点是成本较低、效率较高、大众性强。但是这种方式同样也存在不少缺陷，如传播手段受技术的限制，不具备资料性、可视性，表现手法单一，被动接受性等。

3. 报纸、杂志广告

报纸、杂志广告适用于做食品节、特别活动、小包价等餐饮广告，也可以登载一些优惠券，让读者剪下来凭券享受餐饮优惠服务。此种方法具有资料性的优点，成本也较低，但是形象性差、传播速度慢、广告范围也较小。

4. 线上广告

线上广告的特点是成本低，传播速度快，传播范围广，有社交属性，企业与顾客可以进行双向交互，是现在中国餐饮企业最常用的手段之一。但是由于信息的大爆炸与消费者注意力的极度分散，单纯的在线网络广告营销的获客成本越来越高，信息鱼龙混杂、真假难辨。

（二）店内宣传营销

餐饮企业不仅需要通过高品质美食和优质服务来吸引顾客，还应积极做好餐饮营销和宣传。例如，可以印制一些精美的定期餐饮活动目录单，介绍本周或本月的各种餐饮娱乐活动；特制一些可让顾客带走以作留念的"迷你菜单"；制作各种图文并茂、小巧玲珑的"周末香槟午餐""儿童套餐"等介绍，将它们放置于餐厅的电梯旁、餐厅的门口，或者前厅服务台等处，供顾客取阅。

（三）菜单营销

菜单营销，即通过各种形式的菜单向前来餐厅就餐消费的顾客进行餐饮推销。通过各种形式各异、风格独特的固定式菜单、循环式菜单、特选菜单、今日特选菜单、厨师特选菜单、每周特选菜单、本月新菜、儿童菜单、中老年人菜单、情侣菜单、双休日菜单、美食节菜单等来进行宣传和营销。

各种菜单也可以根据情况选择不同质地、不同意境、情趣各异的封面，格式、大小可灵活变化，并可以分别制作成纸垫式、台卡式、招贴式、悬挂式、帐篷式等；色彩或艳丽，或淡雅，式样或豪华气派，或玲珑秀气，都可让顾客在欣赏把玩之中爱不释手，无形中产生了购买欲，并付诸行动。这些菜单实际上起到了无言的广告作用。

（四）人员营销

1. 专人推销

一般餐饮业可设专门的推销人员进行餐饮产品的营销工作，但要求他们必须精通餐饮业务，了解市场行情，熟悉酒店各餐饮设施设备的运转情况，顾客可以从他们那里得到确定的预订和承诺。

2. 全员推销

餐饮企业所有员工均为现实的或潜在的推销人员。第一层次为专职人员，由营销总监、餐饮销售代理、销售部经理、销售人员等组成。第二层次由兼职的推销人员构成，由餐饮总监（或餐饮部经理）、宴会部经理、餐厅经理、预订员、迎宾员及各服务人员组成。经理每餐前至餐厅门口迎候宾客；餐中巡视，现场解决各种投诉疑难问题；餐毕向顾客诚恳道谢，并征询顾客对菜点、酒水及服务的看法和意见；服务人员通过他们热情礼貌的态度、娴熟高超的服务技巧、恰当得体的语言艺术，向顾客进行有声或无声的推销。第三层次由各厨师长及其他人员组成。

（五）餐厅形象营销

对餐厅的形象进行设计策划，如在店徽的设计、餐厅主题的选择、餐厅的装饰格调、家具、布局、色彩灯饰等方面下功夫，起到促销的功用。例如，可营造出20世纪30年代旧上海情调的餐厅，越南风情的芭蕉别墅，傣族风格的竹楼餐厅，富有浪漫、高雅艺术气息的西餐扒房，以红木（或仿红木）家具呈现的太师椅、清宫服饰等面貌呈现的高档中餐厅，以蒙古包、小方桌、花地毯作为主题形象而散发着粗犷、野味气息的蒙古餐厅，在餐厅门口的小黑板上手写菜单以示古韵的方式招徕顾客，餐厅内到处可见的红、白、绿三种鲜艳国旗色的意式餐厅，都属于餐厅形象营销成功的例子。

（六）特殊营销活动

要列出全年的特别日子，再分月列出活动的内容，制订组织活动的计划。例如，中国的法定节假日和西方的各种节日，或创造出各种特别的日子，包括餐厅的店庆，都可以成为活动的内容。

餐厅可利用的节日有中国传统的春节、元宵节、端午节、中秋节及国庆节、劳动节、教师节、儿童节等，非中国传统的母亲节、父亲节、情人节等。

除了各类节庆日期，餐厅还可以根据当地文化特征和消费者敏感点设计一些与当地消费者生活结合紧密的各类型活动主题，创造餐饮企业与消费者的价值连接点和各类有趣的消费场景，利用吸引来的人流进行产品的促销、品牌的提升、影响力的扩大。

案例情境

　　某韩式料理店建立了一套新颖的"午餐餐友"顾客管理系统。针对填写电子邮件地址和会员名等个人信息的顾客赠送"午餐餐友卡"。顾客来店消费时，只需出示此卡，就能享受各种优惠。这家餐饮店的周边分布着多家外资企业，日常工作中使用电脑的人很多，针对这种情况，该店面向"午餐餐友"会员定期（每周2~3次）发送电子邮件，通过邮件让顾客了解最新优惠资讯。另外，在每月发送一次的"最新资讯"中，还配有优惠活动和季节时令菜等图文信息。这种营销方式的优点是与手机邮件相比，电脑邮件的信息存储量大、内容全面。申请加入"午餐餐友"会员的人很多，不需要刻意宣传，只需在由企业迁址等原因而导致会员流失时开展招募活动。外资企业的人员流动相对频繁，所以停止发送电子邮件的情况时有发生。一般情况下，店里每天需要发送1500份邮件，而注册会员的实际人数是邮件数的1.5倍。该店面向"午餐餐友"会员提供的优惠种类很多，如"午餐甜品优惠""每周四鲜鱼料理全品优惠""晚餐优惠"等。顾客来店消费时，只需从摆在餐位上的优惠卡中抽出一张，就能享受相应的折扣服务。午餐客中，将近1/3是会员。每到用餐时间，店里人气超旺。因为口碑好，所以这家店的知名度越来越大，每天都有人申请办卡。

　　案例思考： 该韩式料理店"午餐餐友"细分市场有什么特点？为什么该韩式料理店选择电子邮件广告的方式来进行营销？

任务三 餐饮品牌营销

任务目标

1. 了解中国餐饮品牌市场格局和中国餐饮品牌的发展方向。
2. 熟悉餐饮品牌营销技术的发展。
3. 掌握餐饮品牌营销的方法，会使用这些方法进行餐饮品牌提升。

相关知识

随着社会经济的稳步发展和人民生活水平的不断提高，我国餐饮行业近20年一直保持着高速增长态势，行业规模和经营领域不断扩大，成为国内消费需求市场增长幅度较高、发展速度较快的行业之一。相对其他行业，投资餐饮行业具有发展前景好、技术含量不高、进入门槛较低等优势，这直接导致我国餐饮行业竞争激烈的局面。品牌竞争是当前餐饮市场竞争手段中的高级形式，但并不代表只要拥有品牌就可以在竞争中立于不败之地，其原因不在于品牌竞争手段本身，而在于餐饮企业能否正确理解和运用品牌来进行品牌建设。本任务从餐饮品牌竞争的方式和竞争情况入手，探讨提高餐饮品牌竞争力的营销理念和营销方法。

一、中国餐饮品牌的发展现状和发展方向

中国餐饮文化源远流长，百年餐饮老店比比皆是。民以食为天，餐饮消费成为拉动我国消费需求增长的重要力量，为我国的经济增长做出重要贡献。我国餐饮业的多种经济形式，多种风味，多种经营模式，加上不断发展和竞争，其格局必然在不同时期呈现出不同的、合理的结构。

在"大众创业、万众创新"的时代背景下，互联网科技企业对传统餐饮业的加速渗透，不仅在改变行业的格局，也冲击着每个餐饮人的大脑。很多餐饮企业不断跟随脚步更新产品、升级品牌、升级运营来适应快节奏的新餐饮时代。敏锐的创业者也守正出新，创造了很多有社会知名度、影响力的品牌来开拓餐饮市场。

(一)中国餐饮品牌概况

随着信息化的发展、互联网变革的不断深入,市场竞争的形式也发生了许多新的变化,餐饮行业进入了以"消费升级、消费者升级"的新时代。对于餐饮品牌来说,将面临更加严峻的市场竞争,更加细分的市场受众,更加个性化的消费人群。这些变化使很多餐饮品牌旧的观念和操作方法受到市场的挑战。

(二)消费升级及消费者升级的双重升级

餐饮品牌面对的消费行为发生了巨大变化,消费的已经不仅是产品本身,在消费升级的过程中,产品的交易价值开始向使用价值转换,甚至有部分消费者在消费过程中更看重情感消费。与此同时,消费者的年龄层也发生变化。老一代消费者忠诚的特性一去不返,新一代消费者不同于老一辈人的消费习惯,对于餐饮,他们有着自己个性化、娱乐化的兴趣领域,并愿意为相关体验买单;他们对品牌没有忠诚度可言,他们一直在追求更新奇、更时尚、更有趣的消费体验;他们的餐饮消费口味也不再局限于传统地方菜口味的分类,而更具有精细化的品位,在各自的小众领域,对娱乐化、多元化、小众化品牌的兴趣越来越大。正是年轻消费群体对个性化餐饮体验的需求升级,才使得餐饮细分市场逐渐浮出水面,餐饮文化消费已经成为一种生活方式,餐饮行业的消费升级和消费者升级的双重升级已是餐饮经营者面临的市场现实。

(三)尊重消费者,从经营产品到经营人群

以前的餐饮品牌的成功之道往往依赖着某个"绝招"菜品,谓之为"人无我有,人有我优"。过去的消费者为了品尝这个独特菜品纷纷慕名而来,因为某个出色的大厨培养出品牌忠诚度。但是现在的消费者往往对一成不变的商品失去了兴趣,他们可以选择的品牌品种更多,品牌忠诚度更低,做出选择的时间更短,他们的踪迹从街上转移到云端,"一招鲜"式的品牌经营失去了魅力。为了赢得更多的消费者,餐饮品牌必须从"经营产品"的思路转移到"经营人群"的思路上来。利用大数据技术和舆情分析技术,时刻掌握目标受众的心理状态,确立符合目标受众的文化,制定与之相符的经营战略,一切从目标受众的兴趣与需求出发,推出符合甚至超出受众期望的具有社交属性的一系列产品,进行新潮有趣的品牌营销,运用异业合作等品牌推广新思路等,都是新一代餐饮品牌需要学习和实践的。

(四)标准化、品牌化、公司化

传统餐饮品牌的经营目标是门店盈利最大化,其产品先稳定依托某个或某一批金牌厨师的手艺。但是现在的餐饮行业"洗牌"十分激烈,大型连锁餐饮品牌的迅速扩张渗透,使小型餐饮企业无处可逃。为了以最快的速度夺取市场份额,连锁经营是目前餐饮企业的最佳选择。标准化是连锁经营的基础,只有在管理制度、管理模式、企业文化、日常运营流程、服务管理、产品线及供应链管理等各方面实现标准化,餐饮品牌才有机会以极快的速度扩张经

营。但标准化不等于管理僵化，餐饮品牌必须在标准化与个性化之间找到属于自己的位置，走出有品牌特色的、符合受众需求的扩张之路。

品牌化是赋予产品和服务一种品牌所具有的能力，品牌化的根本是创造差别使自己与众不同。我国的传统餐饮企业集中化程度不高，普遍零散经营，规模较小，大多以粗放式经营、被动式营销为主，对本身的标准化操作体系建设不完善，也没有一个较高的品牌建设意识，对未来的企业发展规划不清，经营管理不规范。要想在激烈的市场竞争中赢得竞争优势，餐饮企业的品牌化势在必行。

公司化运作是与家族化运作及行政化运作相对应的概念，公司化运作是中小民营企业走向现代化的方向。餐饮品牌通过制定战略性经营目标、明确责任归属、制定职业化薪酬体系，使员工个人利益与公司利益相结合，形成协同效应。

（五）扩张资本化

餐饮品牌化、连锁化发展也已成为整个行业的主流发展趋势，加之支付方式的改变，餐饮企业的现金交易越来越少，以及营业税改增值税的政策利好，促使餐饮品牌正规化发展，财务方面和资本市场对接的条件更加契合，让越来越多的餐饮企业具备引进资本的前提条件。餐饮品牌要健康发展，甚至通过上市获取资金，就要致力于提高管理水平、塑造品牌影响力、制定完善的人才发展体系、改革企业管理流程、探寻供应链及运营成本的系统化管理体系等。餐饮品牌加上资本运营，就如同插上了飞翔的翅膀，才能让餐饮品牌在这个大吃小、快吃慢的商业世界中换取巨大的品牌优势和时间优势，迅速占领用户认知，成为品类冠军。

（六）互联网的介入

互联网、移动通信给餐饮品牌带来巨大冲击，甚至改变了餐饮业"游戏规则"与行业格局。互联网餐饮的第一个战场是餐饮O2O（Online to Offline，线上到线下）行业。互联网技术、电子支付技术、GPS（Global Positioning System，全球定位系统）定位技术、物流可视化发展和餐饮管理电子技术的发展，使餐饮O2O有了非常迅速的发展和突出的表现。众多餐饮O2O平台迅速渗入城市乡镇，成为餐饮行业的重要部分。越来越多的餐饮品牌开发出制作时间短、携带方便、保温时间长的适合外卖的商品加入餐饮O2O大军，外卖业务成为餐饮企业收入的重要来源。与此同时，由于竞争愈加激烈，品牌竞争力、包装的美观性、产品的社交属性成为O2O竞争的重要部分。

餐饮品牌互联网化的表现还在于经营模式与互联网的结合。大数据的运用、全网营销、用户肖像分析、舆情分析、基于云技术的餐饮管理系统和收银系统、基于网络的客户关系营销、可视化供应链管理、跨地域行业联盟交流等，能够大大提高餐饮品牌运营效率，这些技术手段无不依托互联网技术的发展而发展。从PC（Personal Computer，个人计算机）端服务向移动端服务转移是餐饮行业互联网服务的发展趋势。大型餐饮品牌逐渐淡化官网运营，强调移动端互联网服务运营,如微信公众号、服务号和私人号的运营及微博手机版的特别优惠价格等,无不体现了品牌与互联网发展的贴合性。

二、餐饮品牌营销技术的发展

餐饮品牌营销理论和营销技术发生了巨大的变化。餐饮品牌营销理论把市场营销的导向分为生产阶段、产品阶段、推销阶段、销售阶段、营销阶段和社会营销阶段。餐饮品牌营销技术在不同时期中的战略营销导向分为产品导向、客户导向、品牌导向、价值导向及价值观与共创导向,在不同的阶段,都提出了重要的品牌营销策略,如图6-1所示。

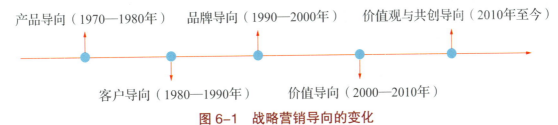

图 6-1 战略营销导向的变化

营销可分为1.0时代、2.0时代、3.0时代(表6-1),以及未来社会的营销4.0时代。

表 6-1 营销 1.0 ~ 3.0 时代

项目	营销 1.0 时代 (产品为中心的营销)	营销 2.0 时代 (客户为中心的营销)	营销 3.0 时代 (价值驱动的营销)
目的	产品销售	客户满意和留存	使这个世界更美好
能动性	工业革命	信息技术	社交媒体
市场视角	建立在满足物质需求上的大众购买	抢占聪明消费者的心智	人类的心智和精神
营销关键	产品开发	差异化	价值
营销方针	产品规格	企业和产品定位	愿景、价值
价值主张	功能	功能、情感	功能、情感、心灵
互动方式	一对多	一对一联系	多对多协同

餐饮品牌营销1.0时代就是工业化时代以产品(菜品)为中心的品牌营销技术。营销1.0时代始于工业革命时期的生产技术开发,当时的营销就是把工厂生产的产品无差别地卖给有支付能力的人。这些产品通常比较初级,其生产目的就是满足大众市场需求。在这种情况下,企业尽可能地扩大规模,使产品标准化,不断降低成本以形成低价格来吸引顾客。

餐饮品牌营销2.0时代是以消费者为导向的品牌营销技术,核心技术是信息科技,餐饮企业向消费者诉求情感与形象。营销2.0时代的目标是满足并维护消费者,餐饮企业获得成功的黄金法则就是"客户即上帝"。这个时代,餐饮企业眼中的市场已经变成有思想和选择能力的聪明消费者，餐饮企业需要通过满足消费者特定的需求来吸引消费者。"人无我有，人有我优"，就是营销 2.0 时代的餐饮品牌营销策略。在这种品牌营销策略里，差异化的产品（菜品）、精准的市场定位和合适的价格就是获得顾客的关键。另外，餐饮企业细分市场品牌营销策略也由此诞生。

餐饮品牌营销 3.0 时代就是合作性、文化性和精神性的品牌营销，也是价值驱动的营销。营销 3.0 时代也致力于满足消费者的需求。但是，营销 3.0 时代的企业必须具备更远大的、服务整个世界的使命、远景和价值观，它们必须努力解决当今社会存在的各种问题。换句话说，餐饮企业不仅仅要在产品定位的差异化上下功夫，更要关注企业的社会责任感、正向的社会价值观，挖掘产品的艺术性和文化特质，打造让人流连忘返的餐饮全体验，积极参与到更多的社会事务中来。

三、餐饮品牌营销的方法

（一）4P 品牌营销战略

企业的品牌营销战略课分为四个基本策略的组合，即著名的"4P's"理论：产品（Product）、价格（Price）、渠道（Place）、促销（Promotion）。由于这四个词的英文字头都是"p"，再加上战略（Strategy），所以简称为"4P's"。

1. 产品

注重开发的功能，要求产品（菜品）有独特的卖点，把产品（菜品）的功能诉求放在第一位。对于餐饮企业来说，既存在有形的产品，也存在无形的产品。在餐饮品牌的营销中，由于市场营销环境已经进入营销 3.0 时代或者营销 4.0 时代，在产品设计时，菜品口感、摆盘、营养价值一定要在市场平均水平以上，并符合消费者的文化需求和审美需求。

2. 价格

根据不同的细分市场定位，制定不同的价格策略，产品（菜品）的定价依据是餐饮品牌细分市场可以承受的价格区间及竞争对手的价格区间，定价既要获得足够的利润，也要注重市场竞争力。

3. 渠道

与其他企业不同，餐饮企业直接面对消费者，产品生产和产品消费几乎是同时的，所以餐饮品牌营销比其他行业更加注重消费体验，餐饮店内的装潢、服务的细致程度、卫生情况、排队情况都会成为餐饮品牌营销的内容。另外，互联网 O2O 行业的兴起，为餐饮产品的销售、餐饮品牌的传播提供了第二战场，与各大在线外卖品牌的合作情况、在外卖平台上客户关系维护和获得客户的能力是餐饮品牌营销的重要因素。

4. 促销

餐饮企业注重销售行为的改变来刺激消费者，以短期的行为（如让利、买一送一、营销现场气氛等）促成消费的增长，设计有系统的、有吸引力的餐饮门店活动，吸引其他品牌的消费者或引导提前消费来促进销售的增长。

（二）4C 品牌营销战略

4C 品牌营销战略，也称"4C 营销理论"，与传统营销的 4P 理论相对应。它以消费者需求为导向，重新设定了品牌营销组合的四个基本要素：消费者（Customer）、成本（Cost）、便利（Convenience）和沟通（Communication）。它强调企业首先应该把追求顾客满意放在第一位，其次是努力降低顾客的购买成本，要充分注意顾客购买过程中的便利性，而不是从企业的角度决定销售策略，最后还应以顾客为中心实施有效的营销沟通。

1. 顾客

餐饮企业必须首先了解和研究顾客，根据顾客的需求提供产品。同时，餐饮企业提供的不仅仅是产品和服务，更重要的是由此产生的顾客价值，并且让顾客能够意识到这种价值，从而成为餐饮品牌的忠实粉丝。

2. 成本

不单是餐饮企业的生产成本，或者说 4P's 中的 Price（价格），它还包括顾客的购买成本，同时也意味着产品定价的理想情况，应该是既低于顾客的心理价格，又能够让企业有所盈利。此外，这中间的顾客购买成本不仅包括货币支出，还包括为此耗费的时间、体力和精力，以及购买风险。顾客在购买某一产品时，除耗费一定的资金外，还要耗费一定的时间、精力和体力，这些构成了顾客总成本。餐厅要努力降低顾客购买的总成本，如降低商品进价成本和市场营销费用从而降低商品价格，以减少顾客的货币成本；努力提高工作效率，尽可能减少顾客的时间支出，节约顾客的购买时间；通过多种渠道为顾客提供详尽的信息，为顾客提供良好的售后服务，减少顾客精神和体力的耗费。

3. 便利

便利，即为顾客提供最大的购物和使用便利。餐饮企业在选择地理位置时，应考虑地区抉择、区域抉择、地点抉择等因素，尤其应考虑"顾客的易接近性"这一因素，使顾客容易达到商店。即使是远程的顾客，也能通过便利的交通接近餐饮企业。同时，在餐厅的设计和布局上要考虑方便顾客进出、上下，方便顾客参观、浏览、挑选，方便顾客付款结算等。

4. 沟通

4C 营销理论认为，餐饮品牌应通过同顾客进行积极有效的双向沟通，建立基于共同利益的新型企业/顾客关系。这不再是餐饮品牌单向地促销和劝导顾客，而是在双方的沟通中找到能同时实现各自目标的通途。餐饮品牌为了创立竞争优势，必须不断地与顾客沟通。与顾客沟通包括向顾客提供有关餐厅地点、产品、服务、价格等方面的信息；影响顾客的态度与偏好，说服顾客光顾餐厅、消费产品；在顾客的心目中树立良好的企业形象。在当今竞争激烈的餐饮市场环境中，餐饮品牌的管理者应该认识到：与顾客沟通比选择适当的产品、价格、地点、促销更为重要，更有利于餐饮品牌的长期发展。

案例情境

数据分析，就是依托顾客点餐数据、地理位置、评价等综合分析，提炼出针对特定对象的有效数据，并以此辅助相关产品的运营和推广。一个人就餐的数据价值综合了地理数据、人文数据和行为数据等，具有极大的使用价值。目前，国内餐饮企业在O2O业务发展到一定阶段后，都要建立自己的客户数据库，拥有专属网络平台，以便掌握数据的真实性，并有效利用数据。

近年来，餐饮业成本很高，毛利率很低，是不争的事实。互联网时代，有流量的地方就有生意。金百万在大数据研发方面投入很大，取得了显著的效果。据悉，在餐饮行业整体低迷的情况下，金百万实现了逆势扩张，在北京、山东、天津等地加速开店，仅在北京的大型直营连锁门店就达到了30家。这都是大数据带来的商业价值。

案例思考：分析本案例，说说餐饮大数据对营销会产生哪些影响。餐饮企业如何根据餐饮大数据制订销售计划？

参考文献

[1] 仪小杉,郑燕萍,王宏兰. 餐饮服务与管理[M]. 厦门:厦门大学出版社,2018.

[2] 王佳薇,刘莹,袁天翔. 餐饮服务与管理[M]. 长春:吉林科学技术出版社,2018.

[3] 史运林,孔云. 餐饮服务与管理[M]. 北京:北京时代华文书局,2018.

[4] 张勤. 餐饮服务与管理[M]. 镇江:江苏大学出版社,2018.

[5] 张丹花,茅蓉. 餐饮服务与管理[M]. 上海:上海交通大学出版社,2018.

[6] 饶雪梅,鞠红霞. 餐饮服务与管理[M]. 北京:高等教育出版社,2018.

[7] 庞华. 会议运营与服务管理[M]. 北京:中国旅游出版社,2018.

[8] 李伟清. 酒店运营管理[M]. 重庆:重庆大学出版社,2018.

[9] 郑菊花. 餐饮服务与管理[M]. 北京:清华大学出版社,2019.

[10] 崔梦萧,陈海凤. 餐饮服务与管理[M]. 北京:中国人民大学出版社,2019.

[11] 蔡杰. 餐饮服务与管理[M]. 上海:华东师范大学出版社,2019.

[12] 贝凤岩,冯丹,姜玲玲. 餐饮服务与管理[M]. 北京:北京邮电大学出版社,2019.

[13] 马飒,左晓丽,段迎豪. 餐饮服务与管理[M]. 石家庄:河北科学技术出版社,2019.

[14] 黄松,李燕林. 餐饮服务与管理[M]. 北京:中国旅游出版社,2019.

[15] 王峭. 餐饮服务与管理[M]. 北京:北京邮电大学出版社,2019.

[16] 吕尤,柳旭. 餐饮服务与管理[M]. 北京:首都经济贸易大学出版社,2019.

[17] 苏金香. 餐饮服务与管理基础知识及实务[M]. 成都:西南交通大学出版社,2019.

[18] 樊平,李琦. 餐饮服务与管理[M]. 2版. 北京:高等教育出版社,2019.

[19] 方辉. 餐饮管理与服务从入门到精通(图解版)[M]. 北京:化学工业出版社,2019.

[20] 韩喜红. 饭店管理[M]. 成都:西南交通大学出版社,2019.

[21] 张哲彰. 创新创业管理案例汇编[M]. 武汉:华中科技大学出版社,2019.

[22] 魏芬. 餐饮服务与管理[M]. 合肥:安徽大学出版社,2020.

[23] 陆朋,周静莉,王杨. 餐饮服务与管理[M]. 北京:企业管理出版社,2020.

[24] 蔡洪胜. 酒店餐饮服务与管理[M]. 北京:清华大学出版社,2020.

［25］匡仲潇. 餐饮服务难题应对技巧［M］. 北京：化学工业出版社，2020.

［26］罗志慧，王宁，吕倩. 涉外餐饮服务［M］. 北京：清华大学出版社，2020.

［27］孙勇兴. 餐饮企业采购控制1+1实战手册［M］. 北京：人民邮电出版社，2020.

［28］张丽萍，段喜莲. 餐饮管理综合实训［M］. 桂林：广西师范大学出版社，2020.

［29］孔英丽，秦晶. 餐饮服务技能实训［M］. 北京：科学出版社，2020.

［30］孙勇兴. 餐饮业外卖管理一本通［M］. 北京：人民邮电出版社，2020.

［31］方辉. 餐饮成本管理与控制实战宝典［M］. 北京：化学工业出版社，2020.

［32］杨翠峰. 餐饮食品安全［M］. 北京：中国农业出版社，2020.

［33］童碧莎. 饭店服务与管理［M］. 北京：北京交通大学出版社，2020.

［34］王晓均. 酒店餐饮精细化管理从入门到精通［M］. 北京：中国铁道出版社，2020.

［35］刘硕，武国栋，林苏钦. 宴会设计与管理实务［M］. 武汉：华中科技大学出版社，2020.